Inhalt

W0228697

100% übersichtlich

Erleben Sie 100% Budapest auf sechs Spaziergängen. Jedes Kapitel im 100% Cityguide ist einem Spaziergang gewidmet. Am Kapitelende gibt es eine Karte mit der Kurzbeschreibung des Spaziergangs. Auf der Karte in der vorderen Umschlagklappe sehen Sie die sechs Kartenausschnitte im Überblick. Dort finden Sie anhand der Buchstaben Ⓐ bis Ⓧ alle Hotels sowie die Sehenswürdigkeiten und Ausgehtipps, die nicht auf einem der Spaziergänge liegen.

In den sechs Kapiteln beschreiben wir ausführlich, welche Sehenswürdigkeiten Sie auf den Spaziergängen entdecken können und wo man gut essen, trinken, shoppen, feiern und relaxen kann. Alle Adressen sind mit einer Nummer ① gekennzeichnet, die Sie im Stadtteilplan am Ende des Kapitels wiederfinden. An der Farbgebung der Nummer können Sie erkennen, zu welcher Kategorie die jeweilige Adresse gehört:

🟢 Sehenswürdigkeiten	🟢 Shoppen
🔴 Essen & Trinken	🟣 100% there

SECHS SPAZIERGÄNGE
Zu jedem Kapitel gehört ein Spaziergang, der – ohne Besuch der genannten Adressen – ungefähr drei Stunden dauert. Die Länge der Strecke (in km) finden Sie über der Wegbeschreibung und auf den einzelnen Stadtteilplänen sehen Sie den genauen Verlauf der Route. Die Beschreibung neben dem Stadtplan führt Sie entlang der Sehenswürdigkeiten zu den schönsten Adressen. So entdecken Sie fast nebenbei die besten Shopping-Gelegenheiten, die nettesten Restaurants und die angesagtesten Cafés und Bars. Wer irgendwann keine Lust mehr hat, der Route zu folgen, kann aufgrund der Tipps und Pläne auch wunderbar auf eigene Faust Entdeckungen machen.

PREISANGABEN BEI HOTELS UND RESTAURANTS
Um Ihnen eine Vorstellung von den Preisen in den Hotels und Restaurants zu geben, finden Sie bei den Anschriften stets die Preise. Die Angaben für Hotels beziehen sich auf ein Doppelzimmer mit Frühstück pro Nacht, es sei denn, es ist etwas anderes angegeben. Die Angaben für die Restaurants nennen – wenn nicht anders verzeichnet – den Durchschnittspreis eines Hauptgerichts.

UNGARISCHE SPRACHE, KLIMA UND WÄHRUNG

Ungarisch ist eine schwierige Sprache. Doch man kann sich oft auf Englisch oder Deutsch verständigen. Wenn Sie die Ungarn für sich gewinnen möchten, verwenden Sie am besten folgende Wendungen:

Guten Tag	– Jó napot (Aussprache: *joo-na-pot*)
Ich spreche leider kein Ungarisch	– Bocsánat, nem beszélek magyarul (Aussprache: *bo-tschaa-nat, nem bes-see-lek mad-ja-rul*)
Sprechen Sie Englisch/Deutsch?	– Beszél angolul/németül? (Aussprache: *bes-seel ang-go-lul/nee-me-tül*)
Dankeschön	– Köszönöm (Aussprache: *kös-sö-nöm*)
Auf Wiedersehen	– Viszontlátásra (Aussprache: *wis-sontlaa-taasch-ra*)

Wegen des Kontinentalklimas kann der Winter in Budapest sehr kalt und der Sommer sehr heiß werden, im Frühling und Herbst gibt es manchmal starke Temperaturschwankungen.

Ungarn gehört noch nicht der Eurozone an. Man braucht also ungarische Forint. Geldautomaten gibt es überall, auch am Flughafen. Der Wechselkurs beträgt etwa 270 Forint für 1 Euro.

In Restaurants, Cafés und Taxis wird ein Trinkgeld von 10 Prozent erwartet. Einige Cafés und Restaurants vermerken auf der Rechnung, dass ein Servicebetrag berechnet wurde. In diesem Fall ist ein Trinkgeld nicht erforderlich.

ÖFFNUNGSZEITEN

In Ungarn wechseln die Öffnungszeiten fast so schnell wie die Börsennotierungen. Museen und Gastronomie passen ihre Öffnungszeiten gern den Jahreszeiten an. In diesem Guide haben wir versucht, dem möglichst Rechnung zu tragen. Dennoch können sich auch kurzfristig Änderungen ergeben, zum Beispiel, wenn der Andrang den Erwartungen nicht entspricht. Die Budapester kennen diese Spielchen längst und haben sich damit abgefunden.

TABAKWAREN

Tabakwaren sind seit 2013 nur noch in *nemzeti dohánybolt* (nationalen Tabakläden) erhältlich. Verkauf nur an Volljährige. Damit die Tabakwaren von der Straße aus nicht zu sehen sind, haben die Läden Milchglasfenster.

NATIONALE FEIERTAGE

An Feiertagen ist fast alles geschlossen, Museen und Sehenswürdigkeiten sind aber in der Regel geöffnet. Neben den beweglichen Feiertagen Karfreitag, Ostern und Pfingsten gibt es in Ungarn folgende Feier- und Gedenktage:

1. Januar	Neujahr
15. März	Jahrestag der Revolution von 1848*
1. Mai	Tag der Arbeit
20. August	Nationalfeiertag "Die Geburtsstunde Ungarns"**
23. Oktober	Jahrestag des Aufstandes gegen die UdSSR 1956***
1. November	Allerheiligen
24. Dezember	Heiligabend
25. & 26. Dezember	Weihnachten

*Am 15. März 1848 begann in Budapest der Aufstand gegen Österreich, den die Ungarn verloren. Die Forderung nach mehr Unabhängigkeit führte letztendlich zu einer stärkeren Einflussnahme der Habsburger.
**Am 20. August 1038 starb der Heilige Stefan (Szent István), der Staatsgründer Ungarns.
***Am 23. Oktober 1956 begann der Volksaufstand für mehr Unabhängigkeit, der am 4. November von Sowjettruppen niedergeschlagen wurde.

FESTIVALS

Die Ungarn lieben Festivals. Auch in Budapest finden daher natürlich einige statt, zum Beispiel:

Das Budapester Frühlingsfest (*www.btf.hu*): ein Kunstfestival mit klassischer Musik, Theater und Filmen; in den letzten beiden Märzwochen.

Ostermarkt: In den drei Wochen rund um Ostern gibt es überall in der Stadt Ostermärkte. Der größte ist auf dem Vörösmarty-Platz (Vörösmarty tér). Dort können Sie Kunsthandwerk kaufen, Volkstänze ansehen und Konzerte hören.

Sziget (*www.sziget.hu*): Das größte Musikfestival Mitteleuropas findet in der zweiten Augustwoche auf einer Donauinsel statt.

Szent István: Am 20. August wird den ganzen Tag gefeiert, und abends trifft man sich an der Donau zur Feuerwerk-Show.

Jüdisches Sommerfestival (*www.zsidonyarifesztival.hu*): In der letzten Augustwoche gibt es Konzerte (Klassik und Klezmer), Opern- und Tanzvorstellungen sowie Sonderausstellungen im Jüdischen Museum.

Weinfestival (*www.aborfesztival.hu*): Anfang September laden ungarische Weinhäuser rund um den Burgpalast zur Weinprobe ein.

Café Budapest Contemporary Arts Festival (*www.cafebudapestfest.hu*): Im Oktober finden Auftritte und Ausstellungen moderner Künstler aus aller Welt statt.

Weihnachtsmarkt: Von Ende November bis Weihnachten gibt es einen Weihnachtsmarkt. Auf ein Haus am Vörösmarty-Platz (Vörösmarty tér) wird ein Adventskalender projiziert. Täglich um 17 Uhr "öffnet" sich eine neue Tür mit einer Musik- und Lichtshow.

TELEFONIEREN INNERHALB UNGARNS

Um die in diesem Cityguide angegebenen Telefonnummern von außerhalb Ungarns anzurufen, müssen Sie die Landesvorwahl 0036 hinzufügen. Wenn Sie in Ungarn mit einem deutschen Handy telefonieren, brauchen Sie die Nummern nicht zu verändern.

Wenn Sie von einem Festanschluss in Budapest eine ungarische Nummer anrufen, beispielsweise von Ihrem Hotelzimmer aus, müssen Sie vorher die 06 wählen. Eine Nummer in Budapest lautet dann 06 1 123 4567. Eine Nummer in Szentendre (Spaziergang 6) wird zu 06 26 123 456. Mobilnummern (alle Nummern, die mit 20, 30 oder 70 beginnen) lauten beispielsweise 06 20 123 4567.

HABEN SIE NOCH TIPPS?

Wir haben diesen Reiseführer mit großer Sorgfalt zusammengestellt. Da das Angebot an Geschäften und Restaurants in Budapest jedoch regelmäßig wechselt, kann es sein, dass eine Empfehlung nicht mehr existiert. Besuchen Sie in diesem Fall oder wenn Sie andere Anmerkungen oder Fragen zu diesem 100% Cityguide haben, unsere Webseite *www.100travel.de/budapest* oder schreiben Sie uns an *info@momedia.com*. Wir freuen uns über Ihre Hinweise, neue Tipps und natürlich auch Fotos. Posten Sie diese gerne auf unserer facebook fanpage: *facebook.com/100travel*.

Last but not least möchten wir noch bemerken, dass keine der vorgestellten Adressen für ihre Erwähnung bezahlt hat, weder für den Text noch für die Fotos. Alle Texte wurden von einer unabhängigen Redaktion geschrieben.

Hotels

Es scheint so, als würde in Budapest jeden Monat ein neues Hotel eröffnen. Die meisten Hotels in der Stadt entsprechen modernen Standards, die verstaubten Hotels verschwinden langsam. Die höchste Preisklasse wird nur von den großen Hotelketten angeboten. In der folgenden Übersicht werden vor allem kleine, unabhängige Hotels oder solche, die einer regionalen Kette angehören, sowie einige Apartments beschrieben. Alle Hotels sind mit einem Buchstaben gekennzeichnet, den Sie auf der Übersichtskarte des Reiseführers finden. Nichts Passendes dabei? Auf *www.100travel.de/budapest* gibt es weitere Übernachtungsmöglichkeiten.

GÜNSTIGE PREISKLASSE

(A) Das Hostel **Wombat's** befindet sich in einem Gebäude, das einst ein Viersternehotel beherbergte. Neben den Schlafsälen für vier bis acht Personen gibt es über 20 Doppelzimmer, jedes mit eigenem Badezimmer. Im Erdgeschoss befinden sich ein Raum mit Waschmaschinen und eine Gästeküche. Auch wenn überwiegend jüngere Gäste in das Wombat's kommen, steht das Haus natürlich allen Altersgruppen offen. Ältester Gast bisher: ein 85-jähriger Rucksacktourist.
király utca 20, erzsébetváros, www.wombats-hostels.com, telefon: 1 8835005, preis: 16.000 huf (exkl. frühstücksbüfett), u-bahn: m1, m2, m3 deák ferenc tér

(B) **Design Apartments** hat schöne, farbenfrohe Apartments für zwei oder mehrere Personen. Die Apartments sind thematisch eingerichtet, zum Beispiel Art déco oder Pop-Art. Sie verfügen über eine gut ausgestattete Küche, doch in der Nachbarschaft gibt es auch viele Restaurants. Das Viertel wurde in den letzten Jahren gründlich saniert.
üllői út 30.I/6 (klingel 14), józsefváros, www.designapartment.hu, telefon: 70 9676506, preis: 19.000 huf (exkl. frühstück), u-bahn: m3 corvin-negyed

100% BUDAPEST

SPAZIERGANG 1: BURGVIERTEL & GELLÉRTBERG
Auf den beiden Hügeln bekommt man einen guten Eindruck von der Stadt. Hier kann man durch die Gassen des Burgviertels schlendern, Paläste bestaunen und den Gellértberg erklimmen, wo man eine schöne Aussicht auf Buda und Pest hat. Danach geht's ins Thermalbad.

SPAZIERGANG 2: BELVÁROS & ERZSÉBETVÁROS
Belváros ist das Stadtzentrum mit vielen Geschäften, Restaurants und Hotels sowie der Donau-Promenade. Bummeln Sie im jüdischen Viertel Erzsébetváros durch die kleinen Straßen mit den verfallenen Häusern und renovierten Plätzen. Besuchen Sie die Große Synagoge und stöbern Sie in netten Läden.

SPAZIERGANG 3: LIPÓTVÁROS, MARGARETENINSEL & ÓBUDA
Im wohlhabenden Viertel Lipótváros liegen sowohl die Basilika als auch das Parlament. Der Spaziergang beginnt bei der Basilika und führt weiter zur Margareteninsel, auf der man schön picknicken kann. Am Ende gelangt man in einen weiteren historischen Bezirk der Stadt: Óbuda.

SPAZIERGANG 4: ANDRÁSSY ÚT & STADTWÄLDCHEN
Die breite Andrássy út verläuft vom Zentrum bis zum Stadtwäldchen mit dem Széchenyi-Bad und dem Zoo. Gehen Sie an der Oper entlang zum Hősök tere (Heldenplatz) mit seinen Theatern und Restaurants. Steigen Sie hier in die älteste U-Bahn Europas.

SPAZIERGANG 5: JÓZSEFVÁROS & FERENCVÁROS
Früher hatten diese Viertel keinen guten Ruf. Das hat sich geändert. Im Süden lohnt sich ein Besuch des großen Kunstpalastes mit dem Ludwig-Museum für moderne Kunst. Im Norden locken die neue Attraktion Bálna und die Ráday utca mit schönen Geschäften und Restaurants.

SPAZIERGANG 6: SZENTENDRE
Dieser Künstlerort liegt etwas außerhalb von Budapest und ist eine Kleinstadt mit vielen Galerien, Museen und Kirchen. Ein Blick in die Ateliers ist ebenso lohnenswert wie ein Spaziergang entlang der Donau. Am besten fährt man mit dem Zug hin und mit der Fähre wieder zurück in die Stadt.

1 0 0 % B U D A P E S T

In Budapest gibt es so viel zu erleben, doch wo fängt man am besten an? Das hügelige Buda und das flache Pest fallen sofort auf. Auch sonst ist die Stadt von Gegensätzen geprägt: Altes und Neues, Tradition und Moderne, Ost und West. Vertiefen Sie sich in die Geschichte und die Kunst in den Museen, Palästen und Prachtbauten. Verbringen Sie ein paar Stunden in netten Geschäften und Galerien oder entspannen Sie sich in einem Thermalbad. In der Stadt kann man überall gut essen und anschließend in den zahlreichen Clubs ausgehen. Fahren Sie über die Donau zur Margareteninsel oder nach Szentendre. 100% Budapest zeigt Ihnen, was Sie auf keinen Fall verpassen sollten. Sightseeing & Shopping, Ausgehen & Abenteuer – die übersichtlichen Stadtpläne weisen Ihnen den Weg.

AUF 6 SPAZIERGÄNGEN 100% BUDAPEST ERLEBEN!

MITTLERE PREISKLASSE

ⓒ Das **Kapital Inn** liegt in der dritten Etage eines Hauses aus dem 19. Jahrhundert (kein Aufzug!) und hat vier Zimmer, zwei mit eigenem Badezimmer, zwei teilen sich ein Bad im Gang. Der Eigentümer Albert erweist sich als hervorragender Gastgeber und Budapest-Kenner. Tolles Frühstück, bei schönem Wetter auf der Terrasse.
aradi utca 30, andrássy út, www.kapitalinn.com, telefon: 30 9152029, preis: 27.000 huf, u-bahn: m1 vörösmarty utca

(D) In einem wunderbar renovierten Gebäude befindet sich das **Atrium Fashion Hotel**. Die Zimmer sind modern und in kräftigen Farben eingerichtet. Das Atrium, in dem das Frühstück serviert wird und an das die meisten Zimmer grenzen, liegt unter einem großen Glasdach.

csokonai utca 14, józsefváros, www.atriumhotelbudapest.com, telefon: 1 2990777, preis: 27.000 huf, u-bahn: m2 blaha lujza tér

(E) Wer richtig fürstlich wohnen will, sollte sich für **Entre Amis Apartments** entscheiden. Die Apartments befinden sich in prachtvollen Häusern aus dem 19. Jahrhundert unweit der Oper und haben hohe Decken und Parkettböden. Geräumig sind sie außerdem, ein Einzimmerapartment misst 80 Quadratmeter. Das größte Apartment hat vier Schlafzimmer und zwei Badezimmer, ist also ideal für eine Großfamilie. Für Insidertipps kann man sich jederzeit an die Gastgeberin wenden.

hajós utca 23, andrássy út, www.entreamis.be, telefon: 20 2287516, preis: 27.000 huf (exkl. frühstück), u-bahn: m1 opera

(F) Wo sich heute das **Casati** befindet, war früher das Pest Hotel. Seit der Rundumerneuerung im Jahr 2012 gibt es Zimmer in vier verschiedenen Stilen: Classic (klassisch), Cool (kunstvoll-elegant), Natural (in Erdtönen) und Heaven (hell). Das Frühstück wird im überdachten Innenhof serviert, in dem ein tiefer Brunnen einen tollen Blickfang darstellt.

paulay ede utca 31, andrássy út, www.casatibudapesthotel.com, telefon: 1 3431198, preis: 30.000 huf, u-bahn: m1 opera

(G) Das **Baltazár** ist ein stilvolles, auf dem Burghügel gelegenes Boutiquehotel. Die Zimmer sind mit modernem Komfort wie LED-Fernsehern und iPod-Dockingstations ausgestattet, die Einrichtung ist unterschiedlich und erweist Künstlern wie Andy Warhol, Keith Haring oder Banksy Reverenz. Tipp: Das Grillrestaurant im Erdgeschoss ist sehr empfehlenswert.

országház utca 31, burchtwijk, baltazarbudapest.com, telefon: 1 3007051, preis: 30.000 huf (exkl. frühstück), bus: 16 bécsi kapu tér

(H) Das **Hotel President** ist imposant und liegt in ruhiger und zentraler Lage. Die 75 Zimmer sind im Art-déco-Stil eingerichtet. Sauna, Hallenbad (gebühren-pflichtig) und WLAN (kostenlos) sind vorhanden. Auf dem Dach können Hub-schrauber landen. Von der Dachterrasse aus blickt man auf das Dach der Postsparkasse (Postatakarékpénztár).
hold utca 3-5, lipótváros, www.hotelpresident.hu, telefon: 1 3738200, preis: 35.000 huf, u-bahn: m3 arany jános utca

GEHOBENE PREISKLASSE

(I) Vom **Lánchíd 19 Design Hotel** aus hat man eine unvergessliche Aussicht auf Pest und die Kettenbrücke. In einigen Zimmern kann man sogar von der Badewanne aus die Donau sehen. Je höher das Zimmer liegt, desto besser der Blick. Das Restaurant serviert ungarische und internationale Gerichte. Prak-tisch ist der Flughafen-Shuttleservice. Das Hotel wurde mit dem European Hotel Design Award 2008 für die beste Architektur ausgezeichnet.
lánchíd utca 19, buda, burgviertel, www.lanchid19hotel.hu, telefon: 1 4191900, preis: 40.500 huf, straßenbahn: 18, 19, 41 clark ádám tér

(J) Das neue **Bohem Art Hotel** (2010) ist ein ganz besonderes Hotel, denn es werden auch Sonderwünsche erfüllt. So gibt es Zimmer, in denen Haustiere erlaubt sind. Jedes der (nicht allzu großen) Zimmer ist individuell eingerichtet. Außerdem hat das Bohem Art Hotel eine Galerie, in der junge ungarische Künstler ihre Arbeiten ausstellen, was dem Hotel eine stilvolle Atmosphäre verleiht.
molnár utca 35, belváros, www.bohemarthotel.hu, telefon: 1 3279020, preis: 40.500 huf, u-bahn: m3 kálvin tér

(K) In einem schön restaurierten neobarocken Palast von 1899 ist das **Hotel Palazzo Zichy** untergebracht. Trotz barocker Fassade sind die Hotelzimmer modern und in stimmigen Farben eingerichtet. Jeden Morgen gibt es ein (üppiges) amerikanisches Frühstück und den ganzen Tag kostenlos Kaffee und Tee in der Lounge. Hervorragendes Preis-Leistungs-Verhältnis.
lőrinc pap tér 2, józsefváros, www.hotel-palazzo-zichy.hu, telefon: 1 2354000, preis: 40.500 huf, u-bahn: m2 kálvin tér

CASATI Ⓕ

Unterwegs

Vom **Flughafen** Franz Liszt (Liszt Ferenc), auch Ferihegy genannt, gelangt man mit Taxi, Bus/U-Bahn, Flughafenshuttle und Zügen in die Stadt. Taxis von Fötaxi stehen vor dem Kiosk am Ausgang, eine Fahrt ins Zentrum kostet 7000 Forint und dauert etwa 25 Minuten. Sie können auch den Bus 200E bis zur U-Bahn-Station Kőbánya-Kispes nehmen. Von dort fährt die U-Bahn (M3) zum Zentrum. Karten gibt es beim Busfahrer. Der **Shuttlebus** hat einen Schalter in der Ankunftshalle und bringt einen zum Hotel. Die einfache Fahrt kostet 3200 Forint, eine Hin- und Rückfahrt 5500 Forint. Reservierungen: *www.airportshuttle.hu*. Der **Zug** fährt ab Terminal 1 viermal in der Stunde, die Flugzeuge landen alle bei Terminal 2. Karten sind von 8 bis 18 Uhr am Tourinform-Schalter oder am Automaten erhältlich. Von Terminal 2A nimmt man den Bus 200E zu Terminal 1 und dann den Zug. Die Fahrt zum Westbahnhof (Nyugati pályaudvar) dauert etwa 25 Minuten. Von großen deutschen Flughäfen starten regelmäßig Flugzeuge nach Budapest. Die Busfahrt zwischen Terminal 1 und 2A dauert ca. 10 Minuten.

In der Stadt gibt es ein dichtes Nahverkehrsnetz aus **Bussen, Straßenbahnen** und (bisher) vier **U-Bahn**-Linien. Karten bekommt man in den U-Bahn-Stationen. Eine Tageskarte kostet 1650 Forint, für drei Tage 4150 Forint und eine Wochenkarte 4950 Forint. Eine einfache Fahrt kostet 350 Forint, Zehnerkarten 3000 Forint. Die letzten U-Bahnen fahren um etwa 23.15 Uhr, die Straßenbahnlinien 4 und 6 am großen Ring rund um die Uhr. Routenplaner und Übersichten finden Sie unter *www.bkk.hu*. Kostenlosen Nahverkehr und diverse Rabatte bietet die Budapest Card (24 Stunden 4500 Forint, 48 Stunden 7500 Forint, 72 Stunden 8900 Forint. Mehr Informationen unter *www.budapest-card.com*.

Taxifahrten sind günstig, wenn das **Taxi** telefonisch bestellt wird. Auf der Straße ein Taxi anzuhalten, kann dagegen teuer werden. Zuverlässige Taxiunternehmen sind Fötaxi (Tel.: 1222 2222) und City Taxi (Tel.: 1211 1111). Der Grundtarif beträgt 450 Forint, danach kostet der Kilometer 280 Forint bzw. die Minute 70 Forint, wenn der Verkehr ruht.

Die Stadt kann für 6000 Forint mit einem **Touristenbus** besichtigt werden, der in zwei Stunden wichtige Sehenswürdigkeiten abfährt. Das Ticket gilt meist zwei Tage und enthält oft eine Bootsfahrt auf der Donau. Eine Besonderheit ist eine Fahrt mit der Riverride, einem Amphibienbus (*www.riverride.com*).

Seit Kurzem hat Budapest ein **Fahrrad**leihsystem, Budapest Bike oder BuBi (*www.bkk.hu*). Im Zentrum verteilt wurden docking stations aufgestellt. Für die Budapester bietet sich ein Abo an, man kann aber auch einmalig ein Rad ausleihen. Gezahlt wird online mit Kreditkarte oder an der Kasse einer solchen Station. Da das BuBi-System eigentlich für kurze Fahrten entwickelt wurde, ist es günstiger, ein Fahrrad bei einem Verleih wie Yellow Zebra (*www.yellow-zebrabikes.com*) zu mieten, wenn Sie einen ganzen Tag herumfahren möchten.

Die Außenbezirke sowie Szentendre (Spaziergang 6) sind mit der **Vorortbahn HÉV** erreichbar. Der HÉV nach Szentendre (Szentendrei HÉV) beispielsweise verkehrt ab U-Bahn-Station Batthyány tér. Ab der Stadtgrenze gelten andere Tarife. Anschlusskarten gibt es beim Schaffner, der vorbeikommt.

Burgviertel & Gellértberg

Blick in die Vergangenheit und Aussicht auf Buda und Pest

Das Burgviertel besteht aus zwei charakteristischen Teilen: der Altstadt mit ihren schmalen Gassen rund um die Matthiaskirche und dem Bereich mit den Palästen, der vom Burgpalast der Habsburger dominiert wird. Hier entstand im 13. Jahrhundert die Stadt Buda, strategisch günstig auf der Anhöhe und direkt am Fluss gelegen. Unter König Matthias erblühte Buda im 15. Jahrhundert zu einer wohlhabenden Stadt. Ein Jahrhundert später, unter türkischer Herrschaft, verfiel die Stadt, erlangte aber unter den Habsburgern im 18. und 19. Jahrhundert erneut großen Wohlstand.

Der Erhalt des Kulturerbes auf dem Burghügel ist nach wie vor von großer Bedeutung. So wurden nach jahrelangen und umfassenden Restaurierungsarbeiten das ehemalige Hauptquartier der Armee (das im Zweiten Weltkrieg schwer beschädigt worden war) und der Várkert Bazár (seit den 1980er-Jahren geschlossen) wieder für das Publikum geöffnet.

1

Im Gegensatz zum Burgviertel, das nicht direkt am Fluss liegt, scheint sich der Gellértberg wie ein steiler Felsen aus der Donau zu erheben. Von oben hat man die schönste Aussicht über Buda und Pest. Hier steht auch die alte Zitadelle, die nach dem Aufstand der Ungarn 1848 von den Habsburgern erbaut wurde. In einer Zeit also, in der es zwischen beiden Ufern keine Brücke gab und die Zusammenlegung der Städte Buda, Óbuda und Pest noch bevorstand (1873).

Wegen ihrer schönen Lage sind die Berge bei Touristen sehr beliebt. Manchmal ist dort recht viel los, aber in den Seitenstraßen des Burgviertels oder im Park rund um die Zitadelle ist es gleich viel ruhiger. Dort kann man durch die Gassen des alten Buda schlendern, eines der Museen im Palast besuchen und die Aussicht von der Zitadelle über die Stadt genießen. Unten im Tal empfiehlt sich ein Besuch im Rudas- oder Gellértbad.

6 Insider-Tipps

Kettenbrücke

Über die älteste Brücke der Stadt spazieren.

Ruszwurm Cukrászda

In der ältesten Konditorei von Budapest Kuchen schlemmen.

Fischerbastei

Die Türme und die Aussicht betrachten.

Matthiaskirche

Farbenfroh: das Dach und die Fresken bestaunen.

Zitadelle

Die Stadt vom höchsten Aussichtspunkt entdecken.

Ivócsarnok

Heilwasser aus natürlichen Quellen trinken.

● Sehenswürdigkeiten   ● Essen & Trinken
● Shoppen   ● 100% there

Sehenswürdigkeiten

(1) Die **Kettenbrücke**, Lánchíd, war die erste Brücke (1849), die die Städte Buda und Pest verband. Der Graf Széchenyi ließ sie bauen, weil er einmal wegen schlechten Wetters die Donau nicht überqueren konnte, um zu einer Beerdigung zu gehen. So beschloss er, einen dauerhaften Übergang zu schaffen. Im Zweiten Weltkrieg wurde die Brücke bombardiert, danach wiederaufgebaut und 1949 eingeweiht. Bewacht wird die Brücke von vier mächtigen Löwen, die angeblich keine Zunge besitzen. Dass Sie durchaus eine haben, sieht man nur, wenn man zu den Löwen hinaufsteigt.
széchenyi istván tér/clark ádám tér, straßenbahn: 2 széchenyi istván tér, 19, 41 clark ádám tér

(3) An der Stelle des **Burgpalastes** standen seit dem 13. Jahrhundert diverse Paläste. Kaiserin Elisabeth (Sissi, auf Ungarisch Erzsébet) wohnte einige Jahre in dem Palast, den die Habsburger im 18. Jahrhundert erbauten. Er wurde 1945 vollständig zerstört und nach dem Krieg wiederaufgebaut. Das heutige Gebäude erinnert nur noch von außen an den Palast von früher. Die Räumlichkeiten mit Interieur aus den 1960er- und 1970er-Jahren kann man besichtigen, wenn man eines der im Palast untergebrachten Museen besucht.
szent györgy tér 2, bus: 16 dísz tér

(4) Die umfangreiche Sammlung der **Ungarischen Nationalgalerie** (Magyar Nemzeti Galéria) zeigt ungarische Kunst vom Mittelalter bis zum 20. Jahrhundert. Hier kann man sich stundenlang in den schönen Bildern verlieren. Die Sonderausstellungen sind meist einem ungarischen Künstler gewidmet und sehr lohnenswert.
burgpalast, gebäude a, b, c und d, szent györgy tér 2, www.mng.hu, telefon: 1 2019082, geöffnet: di-so 10.00-18.00, eintritt: dauerausstellung 1400 huf, bus: 16 dísz tér

(5) König Matthias herrschte im 15. Jahrhundert über Ungarn. Die Bronzestatuen des **Matthiasbrunnens** stellen den König und das Mädchen Ilonka dar. Die beiden lernten sich kennen, als der König inkognito zur Jagd ging. Sie verliebte sich, allerdings aussichtslos. Das unglückliche Mädchen starb an gebrochenem Herzen.
nördlicher innenhof des burgpalastes, bus: 16 dísz tér

(6) Das **Historische Museum Budapest** (Budapesti Történeti Múzeum) befindet sich im Burgpalast und gibt einen Einblick in die Stadtgeschichte. Früher bestand Budapest aus drei kleineren Städten: Buda, Pest und Óbuda. Beim Wiederaufbau des Palastes nach dem Zweiten Weltkrieg wurden Überreste des früheren Gebäudes aus dem 15. Jahrhundert gefunden. Beim Hintereingang des Museums befindet sich eine Terrasse mit Blick auf die Burgmauer.
burgpalast, gebäude e, szent györgy tér 2, www.btm.hu, telefon: 1 4878800, geöffnet: di-so märz-okt. 10.00-18.00, nov.-febr. 10.00-16.00, eintritt: 1800 huf, bus: 16 dísz tér

(7) In der **Széchényi-Nationalbibliothek** im Burgpalast gibt es – neben dem eigentlichen Bestand – auch allerlei Dokumente zur Geschichte Ungarns. Der Saal ist zwar nicht sehr schön, lässt aber erahnen, wie der Rest des Palastes aussieht. Im ersten Stock werden regelmäßig Sonderausstellungen gezeigt.
burgpalast, gebäude f, szent györgy tér 2, www.oszk.hu, telefon: 1 2243745, geöffnet: di-sa 9.00-20.00, preis: führung/ausstellung 200 huf (nach voranmeldung), bus: 16 dísz tér

(8) Bis zum Zweiten Weltkrieg war der **Sándorpalast** der Sitz des Ministerpräsidenten, heute befindet sich hier das Büro des ungarischen Präsidenten. Der Palast ist nur an zwei Tagen im Jahr für Besucher zugänglich: während der Tage des Nationalen Kulturerbes im September. Jeden Tag findet vor dem Palast mittags die Wachablösung statt – ein Zeremoniell mit viel Trommelwirbel.
szent györgy tér 1, geöffnet: drittes septemberwochenende, führung: kostenlos, bus: 16 dísz tér

(10) Ursprünglich war das Honvéd Főparancsnokság zwei Stockwerke höher und mit einer Kuppel ausgestattet. 1945 wurde ein Großteil des **Hauptquartiers der ungarischen Armee** zerstört, nur das Erdgeschoss blieb schwer beschädigt erhalten. Nach einer Restaurierung wurde das Gebäude in ein Besucherzentrum mit Café und Ausstellungsräumen umfunktioniert.
disz tér 17, eintritt: frei, bus: 16 dísz tér

(13) Im Zweiten Weltkrieg errichtete man in den Gängen im Burghügel ein Notkrankenhaus. Es wurde während der amerikanischen Luftangriffe 1944 intensiv genutzt und diente später dem Verteidigungsministerium als Lager. 2007 wurde das **Sziklakórház** renoviert und kann heute besichtigt werden.

Tipp: das Buch *Das Leben der Anna Boom: Die Geschichte einer mutigen Frau* von Judith Koelemeijer, das in diesem Krankenhaus spielt.
lovás út 4c, www.hospitalintherock.com, telefon: 70 7010101, geöffnet: täglich 10.00-20.00, eintritt: 3600 huf (inkl. 75-minütige führung), bus: 16 szentháromság tér

(14) An dieser Stelle stand einst die **Maria-Magdalena-Kirche**. Seit den Bombenangriffen im Zweiten Weltkrieg steht heute nur noch der Glockenturm. Das Fenster an der Westseite soll die Größe der einstigen Kirche andeuten. Die Glocken spielen neben traditioneller ungarischer Musik auch Jazz und Chopin. Im Nordwesten erkennt man das bunte Dach des **Nationalarchivs**. Die typisch ungarischen Dachziegel stammen aus der Zsolnay-Porzellanmanufaktur.
kapisztrán tér, nicht öffentlich zugänglich, bus: 16 kapisztrán tér

⑳ MATTHIASKIRCHE

⑱ Die **Koller Galéria** ist die älteste Privatgalerie Ungarns und wurde 1953 eröffnet. Dass dies in Zeiten des Kommunismus überhaupt möglich war, ist etwas Besonderes. Seit 1980 ist die Galerie im ehemaligen Wohnhaus des ungarisch-italienischen Künstlers Amerigo Tot untergebracht.
táncsics mihály utca 5, www.kollergaleria.hu, telefon: 1 2146770, geöffnet: täglich 10.00-18.00, eintritt: frei, bus: 16 szentháromság tér

⑲ Das **Musikhistorische Museum** befindet sich im Erdődypalast. Beethoven wohnte hier im Jahr 1800, und Bartók hatte seinen Arbeitsraum im Palast. Zu sehen sind Instrumente aus drei Jahrhunderten sowie das Bartók-Archiv.
táncsics mihály utca 7, www.zti.hu, telefon: 1 2146770, geöffnet: di-so 10.00-16.00, eintritt: 600 huf, bus: 16 szentháromság tér

⑳ Die **Matthiaskirche** (Mátyás-templom) wurde im 19. Jahrhundert auf den Überresten einer Kirche aus dem 13. Jahrhundert errichtet. Außen fällt das Zsolnay-Dach auf, innen das geometrische Muster der Fresken an den Wänden. In dieser Kirche wurden die ungarischen Könige gekrönt sowie königliche Hochzeiten vollzogen. Heute gibt es neben den täglichen Messen oft Konzerte.
szentháromság tér 2, www.matyas-templom.hu, telefon: 1 3555657, geöffnet: mo-sa 9.00-16.45, so 13.00-16.15, eintritt: 1000 huf, bus: 16 szentháromság tér

㉙ Der Arzt Ignaz Semmelweis entdeckte 1847 ein Mittel gegen das Kindbett-fieber: Sterilisierung der Instrumente und Desinfektion der Hände. Das **Semmelweis-Museum für Medizingeschichte** zeigt medizinische Instrumente.
apród utca 1-3, www.semmelweis.museum.hu, telefon: 1 3753533, geöffnet: 15. märz-31. okt. di-so 10.30-18.00, 1. nov.-14. märz di-fr 10.30-16.00, sa-so 10.30-18.00, eintritt: 700 huf, bus: 86 ybl miklós tér

㉝ Der Legende nach wurde Bischof Gellért im 11. Jahrhundert von Ungarn, die sich der christlichen Bekehrung verweigerten, vom Felsen gestoßen. Das **Gellértdenkmal** zeigt Gellért mit einem bekehrten Ungarn zu seinen Füßen.
szent gellért lépcső, bus: 7 rudas gyógyfürdő

㉞ Gegenüber dem Eingang zum Innenhof der **Zitadelle** stehen Bänke, von denen man die schönste Aussicht über Budapest hat. Wer den Berg hinauf-geht, kommt zum Freiheitsdenkmal.
citadella sétány 1, www.citadella.hu, bus: 27 búsuló juhász (citadella)

㉟ Die Höhle war einst Unterschlupf eines Einsiedlers, im 19. Jahrhundert hausten hier arme Familien, später wurde sie vom Paulinerorden als Kirche genutzt. Von 1951 bis 1989 war die Höhle geschlossen, da die Ordensbrüder inhaftiert worden waren. Diese **Felsenkirche** ist sehr sehenswert.
szent gellért rakpart 1a, geöffnet: täglich 10.00-20.00 (keine besichtigung während den messen), eintritt: 500 huf, u-bahn: m4, straßenbahn: 18, 19, 41, 47, 49 szent gellért tér

㊲ Die **Freiheitsbrücke** (Szabadság híd) wurde 1899 von Kaiser Franz Joseph eingeweiht, im Zweiten Weltkrieg zerstört und danach Krieg wiederaufgebaut.
szent gellért tér, fővám tér, u-bahn: m4, straßenbahn: 18, 19, 41, 47, 49 szent gellért tér, 2 fővám tér

Essen & Trinken

(11) Viele Einheimische gönnen sich gerne mal etwas aus einer *cukrászda* (Konditorei). Die **Ruszwurm Cukrászda** gibt es seit 1827 und sie ist die älteste Konditorei der Stadt. Schon im Mittelalter befand sich hier ein Pfefferkuchenladen. Die Einrichtung hat sich kaum verändert, seit Vilmos Ruszwurm Ende des 19. Jahrhunderts das Geschäft übernahm. Besonders köstlich ist die Eszterházytorte.
szentháromság utca 7, www.ruszwurm.hu, telefon: 1 3755284, geöffnet: täglich 10.00-19.00, preis: gebäck ab 380 huf, bus: 16 szentháromság tér

(15) Das Restaurant **21** bietet typisch ungarische Gerichte, neu interpretiert. Nicht alles auf der Karte ist ungarisch, aber das meiste schon. Besonders empfehlenswert ist die Fischsuppe. In Ungarn sagt man: Ein echter Mann muss Fischsuppe machen können. Jährlich wird daher die beste Fischsuppe gekürt, und jeder Landstrich hat seine eigene Variante. Tipp: vorher reservieren.
fortuna utca 21, www.21restaurant.hu, telefon: 1 2022113, geöffnet: täglich 11.00-0.00, preis: 4000 huf, bus: 16 kapisztrán tér

(17) Die Atmosphäre im Restaurant **Vár: a Speiz** ist ungezwungen. Draußen kann es im Sommer sehr voll werden, aber das gute Essen macht das wieder wett. Spezialität des Hauses ist das *morzsaparádé*-("Semmelbrösel")-Menü. Nach Aussage des Kochs will der Mensch eine "Hülle" um sein Essen. Auf Ungarn trifft dies sicher zu. Nicht nur das Schnitzel, sondern auch Champignons und Blumenkohlröschen werden hier paniert (*rántott*).
hess andrás tér 6, www.speiz.hu, telefon: 1 4887416, geöffnet: täglich 11.00-23.00, preis: 4000 huf, bus: 16 szentháromság tér

(22) Der ungarische Pfannkuchen, *palacsinta*, ist immer ein Genuss. Deswegen hat das **Nagyi Palacsintázója** 24 Stunden am Tag geöffnet. Man bestellt seinen *palacsinta* und den Belag (süß oder herzhaft) an der Theke und wartet, bis er fertig ist. Den aufgerollten Pfannkuchen kann man mitnehmen oder gleich vor Ort essen. Beliebt sind die Pfannkuchen mit Quark (*túrós*), Kakao (*kakaós*) sowie der "Ungarische" (*magyaros*, mit Fleischfüllung).
batthyány tér 5, www.nagyipali.hu, telefon: 1 2015321, geöffnet: täglich rund um die uhr, preis: 500 huf, u-bahn: m2 batthyány tér

㉔ Im **Lánchíd Söröző** gibt es vor allem Getränke, aber ein paar Snacks werden in dieser kleinen, gemütlichen Kneipe ebenfalls angeboten. An den Wänden hängen Fotos aus den 1950er-Jahren. Obwohl es auch Fairtrade-Kaffee gibt, ist dies der richtige Ort, um sich ein Bier oder einen ungarischen *pálinka* (Obstbrand) zu genehmigen.

fő utca 4, lanchidsorozo.hu, telefon: 1 2143144, geöffnet: täglich 11.00-1.00, preis: halber liter bier 580 huf, straßenbahn: 19, 41, bus: 16, 86, 105 clark ádám tér

(26) Die Einrichtung des Weinbistros **Zona** ist ein Augenschmaus, und passend dazu verwöhnen die Gerichte den Gaumen. Die Portionen sind absichtlich klein gehalten, damit Sie Verschiedenes ausprobieren können. Das Lokal mit einer herrlichen Aussicht auf die Kettenbrücke ist sehr beliebt, daher sollten Sie frühzeitig reservieren!
lánchíd utca 7-9, www.zonabudapest.com, telefon: 30 4225981, geöffnet: küche di-fr 12.00-15.00 & 18.30-22.30, sa 13.00-15.00 & 18.30-22.30, preis: drei-gänge-mittagsmenü 3500 huf, fünf-gänge-dinner 11.500 huf, straßenbahn: 19, 41, bus: 16, 86, 105 clark ádám tér

(27) Bei **Marvelosa** scheint man sich in Omas Wohnzimmer zu befinden: mit Velours bezogene Lehnsessel und gehäkelte Deckchen, mit lila und hellgrünen Bordüren. Es gibt Frühstück, Mittag- und Abendessen, doch vor allem die ersten beiden sind empfehlenswert. Die Karte ist umfangreich. Vor allem im Sommer, aber auch den Rest des Jahres, ist die *bodzaszörp szódával* (Holunderblütenlimonade) ein wohlschmeckender Durstlöscher.
lánchíd utca 13, www.marvelosa.eu, telefon: 1 2019221, geöffnet: di-sa 10.00-22.00, so 10.00-18.00, preis: 2500 huf, straßenbahn: 19, 41, bus: 16, 86, 105 clark ádám tér

(30) Das **Aranyszarvas**, "der Goldene Hirsch", befindet sich in einem Gebäude aus dem 18. Jahrhundert unterhalb des Burghügels und serviert klassische ungarische Gerichte mit einer modernen Note. Klar, dass in dem stimmungsvollen Lokal mit Gewölbedecke und zahlreichen gut bestückten Weinregalen auch ein goldfarbener Hirschkopf an der Wand nicht fehlen darf. Sie suchen die Tageskarte? Dann genügt ein Blick auf die schwarze Wand.
szarvas tér 1, aranyszarvas.hu, telefon: 1 3756451, geöffnet: täglich 12.00-23.00, preis: 3500 huf, straßenbahn: 18, 19, 41 döbrentei tér, bus: 86 szarvas tér

Shoppen

⑫ Bei **Herend** gibt es handbemaltes und vergoldetes Porzellan. Es wird seit 1826 im Ort Herend am Plattensee hergestellt. Mitte des 19. Jahrhunderts war Herend sogar ein Hoflieferant der Habsburger. Das preisgekrönte und bekannteste Porzellanmotiv besteht aus Schmetterlingen und Blumen im chinesischen Stil.
szentháromság utca 5, www.herend.com, telefon: 1 2251051, geöffnet: mo-fr 10.00-18.00, sa 10.00-14.00, im sommer auch sa-so 10.00-16.00, bus: 16 szentháromság tér

⑯ Seit über 20 Jahren gibt es **Litea** – Buchhandlung und Café in einem – in diesem gläsernen Gebäude in der Fortuna-Passage. Blickfang ist der alte Kachelofen, der allerdings mit Gas betrieben wird. Sie können in historischen Werken oder Kunst- und Reisebüchern schmökern und währenddessen Kaffee oder Tee trinken. Außerdem werden Postkarten und CDs mit ungarischer Volksmusik angeboten.
hess andrás tér 4, www.litea.hu, telefon: 3 756987, geöffnet: täglich 10.00-18.00, bus: 16 szentháromság tér

㉕ Ungarn ist als Weinland vielleicht nicht so bekannt, aber es werden hier viele gute Weine angebaut, die man im **Bortársaság** kaufen kann. Über die Weine und die unterschiedlichen Regionen wird man in diesem Laden fachmännisch beraten. Lassen Sie sich von einem kräftigen Rotwein aus Villány oder von einem süßen Tokajer verführen.
lánchíd utca 5, www.bortarsasag.hu, telefon: 1 2251702, geöffnet: mo-fr 10.00-21.00, sa 10.00-19.00, straßenbahn: 19, 41, bus: 16, 86, 105 clark ádám tér

100% there

(2) Den Burghügel kann man zu Fuß besteigen, aber mit der **Standseilbahn Budavári Sikló** dauert es nur zwei Minuten. Die Bahn wurde 1870 gebaut und 1986 vollständig restauriert. Die Aussicht – auch während der Fahrt – ist sehr schön. Den besten Blick auf Donau, Kettenbrücke und Pest hat man im obersten Wagen. In der Station hängen alte Fotos von der Seilbahn.
clark ádám tér, www.bkv.hu, telefon: 1 2120207, geöffnet: täglich 7.30-22.00, preis: seilbahnfahrt einfach 1000 huf, hin und zurück 1700 huf, straßenbahn: 19, 41 oder bus: 16, 86, 105 clark ádám tér

(9) Weil das Burgviertel auf früheren Siedlungen errichtet wurde, finden immer wieder **Ausgrabungen** statt. Eine lange Reihe Masten mit der ungarischen Flagge markiert diese Grabungsstätten und erlaubt einen Blick in Ungarns Geschichte.
szent györgy tér, bus: 16 dísz tér

(21) Die tolle Aussicht über Buda und Pest lohnt den Weg zur **Fischerbastei**; am besten bricht man abends auf. Die Türme sind das Symbol der sieben Magyarenstämme, aus denen Ungarn hervorging. Die Bastei stammt aus dem Jahr 1895 und ist damit jünger als die Stadtmauer und der mittelalterliche Platz. Früher wurde auf dem Platz Fisch verkauft, daher der Name. Bitte beachten: In der Hochsaison muss an den Zugängen zum oberen Umlauf manchmal Eintritt gezahlt werden.
szentháromság tér, geöffnet: unten andauernd geöffnet, oben unterschiedlich, eintritt: unten frei, oben nur frei in der nebensaison, bus: 16 szentháromság tér

(23) Einen guten Eindruck vom majestätischen Parlamentsgebäude erhält man von der Buda-Seite der Donau. Von dort aus haben Sie einen schönen **Blick auf das Parlament** in Pest und können das neugotische Gebäude aus dem 19. Jahrhundert in voller Pracht bewundern. Übrigens: Es ist das größte Gebäude Ungarns und das größte Parlament Europas (siehe Spaziergang 3).
batthyány tér, u-bahn: m2 batthyány tér

㉘ Die im späten 19. Jahrhundert vom Architekten Miklós Ybl entworfenen Pavillons des **Várkert Bazár** unterhalb des Budabergs verwahrlosten zu Zeiten des Kommunismus völlig, der Garten entwickelte sich zum Treffpunkt für Jugendliche. Nach dem Einsturz einer Treppe während eines Rockkonzerts wurde der Komplex 1984 geschlossen. Erst im Winter 2013 begann man mit der Restaurierung der Anlage, in der Läden und Cafés sowie eine Touristen-information entstehen sollen. Außerdem ist eine Rolltreppe bis zum Burg-palast vorgesehen.

lánchíd utca/ybl miklós tér, bus: 86 ybl miklós tér

Burgviertel & Gellértberg

Starten Sie an der Kettenbrücke **1** und gehen Sie Richtung Buda. Am Clark Ádám tér **2** links in die Sikló utca einbiegen und anschließend rechts durch ein Tor die Treppe hochgehen. Dem Weg nach oben bis zum Burgpalast **3** folgen. Zur Galerie **4** gehen. Das rechte Tor neben dem Eingang des Museums führt zum Brunnen **5** und zum Innenhof des Palastes **6** **7**. Zu den Wachen des Präsidenten zurückgehen **8**. An der Ausgrabungsstätte **9** vorbeigehen und das einstige Hauptquartier der Armee **10** besuchen. Links beim Hadik-Denkmal in die Einkaufspassage abbiegen. Entlang der Stadtmauer mit Blick auf Buda der Tóth Árpád sétány folgen. Rechts abbiegen, die Úri utca überqueren und in die Szentháromság utca biegen **11** **12**. Wenden und bis zur Stadtmauer gehen. Die Treppe zur Lovas út nehmen: Nach 50 m liegt rechts das Felsenkrankenhaus **13**. Erneut oben links der Tóth Arpád sétány folgen. Vor dem Museum für Militärge-schichte zum Kapisztrán tér **14** rechts abbiegen. Am Archiv mit dem schönen Dach vorbeigehen und dann rechts in die Fortuna utca **15** spazieren. Auf dem Hess András tér **16** **17** schräg links die Táncsics Mihály utca nehmen **18** **19**. Zum Platz zurückgehen und weiter bis zur Matthiaskirche **20**. An der Fischer-bastei **21** die Szeder lépcső heruntergehen. Unten links und etwas versteckt hinter Autos die Treppe hinab zur Iskola utca nehmen. Hier links gehen. Dann rechts der Markovits Iván utca Richtung Batthyáni tér folgen **22** **23**. Dort rechts abbiegen und der Donau bis zur Halász utca folgen. Der Straße folgen und dann links in die Fő utca **24** einbiegen. Den Kreisverkehr überqueren zur Lánchíd utca **25** **26** **27** und etwas weiter den Varkért Bazár **28** besuchen. Am Ybl Miklós tér rechts halten **29** **30**. Zurückgehen und recht in die Döbrentei utca. Bei der Halte-stelle die Straße überqueren, durch den Park und unter der Elisabethbrücke hindurchgehen. Rechts bei der Brücke Heilwasser trinken **31**. Zu den Thermen **32** spazieren. Ein Stück zurückgehen und links die Straße überqueren. Rechts die Treppe zum Denkmal **33** nehmen. Dann dem Weg nach oben folgen **34**. Am Freiheitsdenkmal die Treppe wieder hinuntersteigen. Nun immer bergab mit der Donau zu Ihrer Linken. Fast unten angelangt, dem ansteigenden Pfad zur Felsenkirche **35** folgen. Weiter hinuntergehen zum Szent Gellért tér **36** **37**.

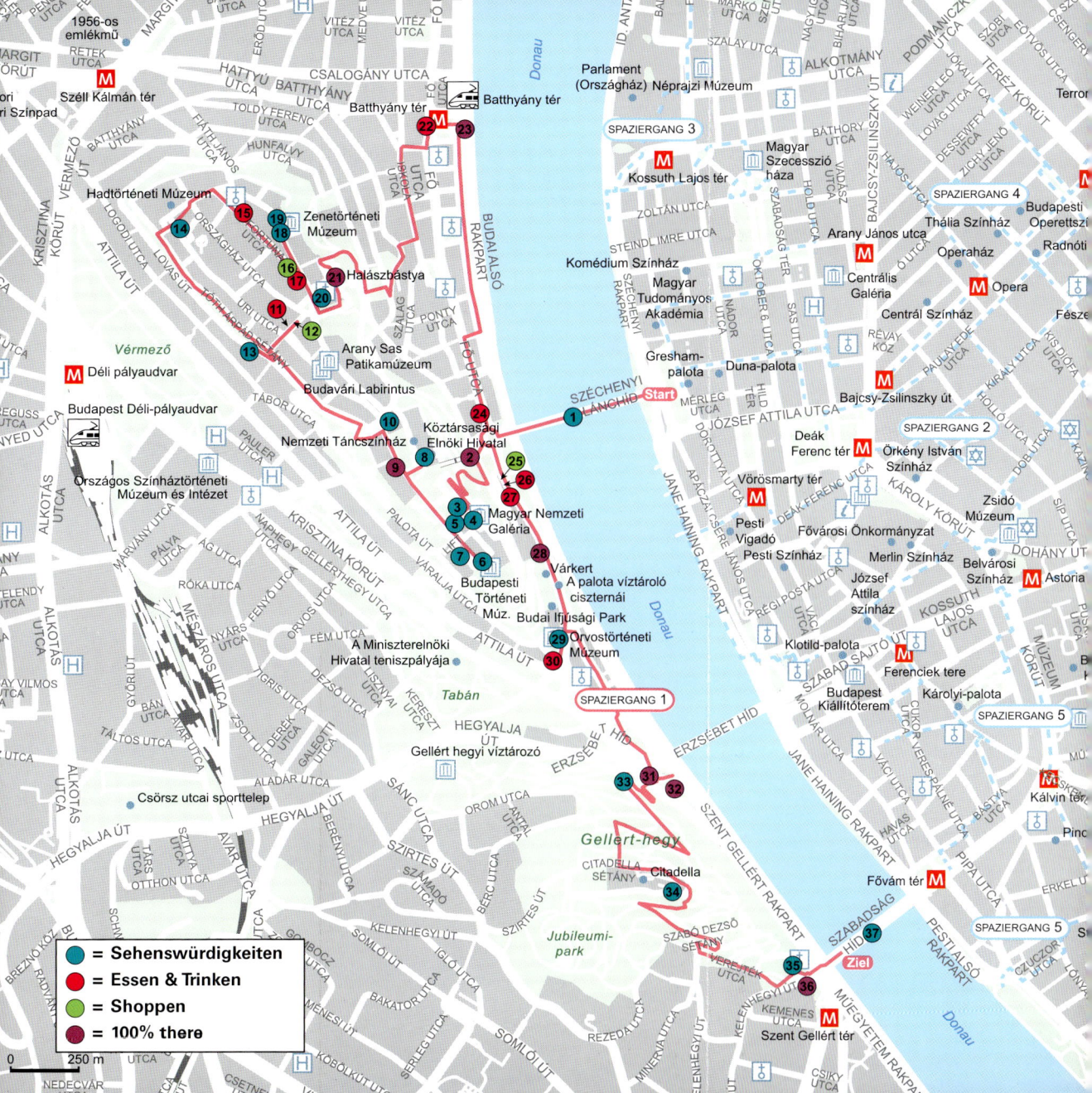

Belváros & Erzsébetváros

Shoppen, an der Donau flanieren und das jüdische Viertel entdecken

Der quirligste Teil von Budapest liegt in Pest: Belváros. Wörtlich bedeutet das "Innenstadt", und dieses Viertel bietet alles, was man von einer Innenstadt erwartet. Die Váci utca, die wichtigste Einkaufsstraße, führt vom Vörösmarty tér im Norden bis zur Großen Markthalle im Süden. In der Váci utca haben sich die großen internationalen Ketten niedergelassen, in den Seitenstraßen die Boutiquen und Designerläden.

Im südlichen Teil des Viertels, rund um den Universitätsplatz (Egyetem tér), stehen einige Niederlassungen der Budapester Universität. Hier belagern tagsüber und abends Studenten die umliegenden Cafés.

Der Stadtteil Belváros ist direkt an der Donau gelegen. Hier kann man herrlich am Fluss spazieren gehen und den Blick auf Buda genießen. Noch schöner ist dies an Bord eines der Schiffe, die fest verankert am Ufer liegen. In diesen Restaurantschiffen kann man mit Blick auf das Burgviertel zu Abend essen.

2

Das jüdische Viertel heißt Erzsébetváros. Vor dem Zweiten Weltkrieg lebten 200.000 Juden in Budapest, nach dem Krieg waren es noch etwa 80.000. Viele von ihnen sind in diesem Viertel zu Hause, daher gibt es hier mehrere Synagogen. Darunter die Große Synagoge, die größte Europas.

Das Viertel, das noch vor einigen Jahren etwas heruntergekommen wirkte, gehört heute zu den beliebtesten der Stadt. Zahlreiche kleine, trendige Läden lohnen unbedingt einen Besuch.

Auch als Szeneviertel tut sich Erzsébetváros inzwischen hervor. In vielen verfallenen Gebäuden befinden sich sogenannte Ruinencafés und -kneipen, den Anfang machte das Szimpla Kert in der Kazinczy utca. Fast täglich kommen neue hinzu. Ganz in der Nähe liegt der Gozsdu udvar, eine etwa 200 Meter lange Passage, die sich über sechs Innenhöfe zwischen der Király utca und der Dob utca erstreckt und in der es Dutzende beliebte Restaurants, Kneipen und Clubs gibt.

6 Insider-Tipps

Große Markthalle

Frische Produkte kaufen und einen *pálinka* trinken.

Rózsavölgyi Csokoládé

Schokoladenkunstwerke bestaunen.

Szimpla Kert

In der ersten Ruinenbar von Budapest chillen und genießen.

Große Synagoge

Das Zentrum des jüdischen Lebens besuchen.

Nanushka

Bei einer bekannten ungarischen Modeschöpferin Kleidung kaufen.

M.

Nach dem Essen den Tisch bemalen.

● Sehenswürdigkeiten   Essen & Trinken

● Shoppen   100% there

Sehenswürdigkeiten

(5) Der bekannte ungarische Dichter Sándor Petőfi (1823–1849) wurde durch sein Nationallied unsterblich, das er 1848 zu Beginn des ungarischen Aufstands gegen die Österreicher schrieb. Das **Petőfi-Literaturmuseum** im einstigen Károlyi-Palast zeigt seine Werke und die anderer ungarischer Autoren.
károlyi mihály utca 16, www.pim.hu, telefon: 1 3173611, geöffnet: di-so 10.00-18.00, eintritt: 600 huf, u-bahn: m3, m4 kálvin tér

(13) Die **Große Synagoge** aus der Mitte des 19. Jahrhunderts ist die größte Europas. Die Farben der Ziegel (rot, gelb und blau) sind die Stadtfarben Budapests. Im Innenraum befinden sich prachtvolle vergoldete Bögen und Mosaikböden. Die silberne Trauerweide im Garten, deren Blätter mit den Namen ungarischer Holocaustopfer versehen wurden, ist ein Kunstwerk von Imre Varga. Im Jüdischen Museum, das die Synagoge ebenfalls beherbergt, erfährt man viel über das Judentum und die Geschichte der Juden in Ungarn.
dohány utca 2, www.dohanyutcaizsinagoga.hu, telefon: 1 3430420, geöffnet: märz-okt. so-do 10.00-17.30, fr 10.00-16.00, nov.-febr. so-fr 10.00-15.30, eintritt: 2250 huf (inkl. jüdisches museum), u-bahn: m2 astoria

(17) Die Synagoge in der **Kazinczy utca** ist das Zentrum der orthodoxen Juden in Budapest. Das Gebäude besticht durch seine prachtvolle Jugendstilfassade. Wer hineingeht, wird mit etwas Glück vom Aufseher herumgeführt.
kazinczy utca 29-31, www.greatsynagogue.hu, geöffnet: mo-do 10.00-15.30, fr & so 10.00-12.30, eintritt: 800 huf, u-bahn: m2 astoria

(35) Am Platz Március 15. tér sind gläserne Platten in den Belag eingelassen, unter denen sich Mauerreste eines **Contra Aquincum**, einer römischen Festung, aus dem 2. Jahrhundert n. Chr. befinden. In jener Zeit hieß das Gebiet des heutigen West-Ungarns Pannonium und am anderen Donauufer befand sich eine Stadt namens Aquincum, zu deren Schutz die Festung errichtet worden war. Reste dieser Stadt sind ebenfalls noch zu besichtigen, jedoch ein ganzes Stück außerhalb des Zentrums in Óbuda.
március 15. tér, www.aquincum.hu, straßenbahn: 2 marcius 15. tér

Essen & Trinken

(3) Das **Atelier** ist mehr als nur ein Café – "kulturelles Zentrum" wäre eine treffende Bezeichnung. Das eigentliche Café befindet sich im Erdgeschoss, genauso wie die Bar Bägel, in der Sie reich belegte Bagel bekommen. Regelmäßig finden Filmvorführungen und Konzerte statt und präsentieren Künstler ihre Werke, die teils vor Ort angefertigt wurden. In der fünften Etage gibt es den Tattooshop Fatum und im Sommer auf dem Dach eine Bar mit Blick auf die Zitadelle – eine Belohnung für sieben Stockwerke Treppensteigen.
kecskeméti utca 3, telefon: 30 6333608, geöffnet: mo-fr 8.00-0.00, sa 12.00-0.00, preis: bagel 600 huf, u-bahn: m3, m4 kálvin tér

(4) **SonkaArcok** bedeutet "Schinkengesichter", und die wurden in diesem modernen Tapas-Bistro auf Fotos witzig in Szene gesetzt. Spezialisiert ist das Lokal auf Schinken, Salami und Käse aus Spanien und Ungarn. Die angebotenen Platten mit diversen Köstlichkeiten kann man wunderbar mit Freunden teilen. Es gibt auch einige warme Gerichte und an Wochentagen mittags ein Drei-Gänge-Menü für 1450 HUF.
kecskeméti utca 2, telefon: 1 7946137, geöffnet: so-mi 11.00-0.00, do-sa 11.00-2.00, preis: 2000 huf, u-bahn: m3, m4 kálvin tér

(6) Inzwischen ist er wieder "erlaubt", der nostalgische Rückblick auf die kommunistische Vergangenheit Ungarns. Im **Táskarádió Eszpresszó** geschieht dies mit einem Augenzwinkern. Das Café, ganz im Retro-Stil eingerichtet, ist mit Fotos und Spielzeug aus dieser Zeit dekoriert. Sogar die Bedienung ist entsprechend gekleidet. Man kann hier den ganzen Tag gemütlich sitzen, voll wird es mittags und abends.
papnövelde utca 8, www.taskaradioeszpresszo.hu, telefon: 1 2660413, geöffnet: täglich 9.00-0.00, preis: 1800 huf, u-bahn: m3, m4 kálvin tér

(8) Das **Centrál Kávéház** ist seit Jahren eine feste Größe in der Stadt. Ein idealer Ort für die ungestörte Zeitungslektüre bei einer Tasse Kaffee oder für ein Bewerbungsgespräch (was tatsächlich häufig vorkommt). Das Café ist eine exakte Kopie des Originals aus dem Jahr 1887. Sie können hier auch hervorragend essen; jeden Sonntag gibt es Brunch.
károlyi mihály utca 9, www.centralkavehaz.hu, telefon: 1 2662110, geöffnet: täglich 8.00-0.00, preis: 4000 huf, u-bahn: m3 ferenciek tere

KIOSK ㊱

⑨ Das **Jégbüfé**, wörtlich "Eisbuffet", ist ein bei den Ungarn beliebtes Café. Vor allem im Sommer, wenn köstliches Eis verkauft wird, stehen die Leute Schlange. Unbedingt kosten: *somlói galuska* (weicher Kuchen mit Schokosoße, Nüssen und Sahne). Das Café befindet sich im imposanten **Párisi-Gebäude** aus dem frühen 20. Jahrhundert, das erst vor Kurzem rundumerneuert wurde. *ferenciek tere 10, telefon: 1 3186205, geöffnet: mo-sa 7.00-21.30, so 8.00-21.30, preis: 500 huf, u-bahn: m3 ferenciek tere*

(10) Früher war das **Gerlóczy** nur Brasserie und Café, aber seit einigen Jahren befindet sich in den oberen Etagen auch ein Boutiquehotel. Im Café kann man ausgezeichnet frühstücken, zu Mittag essen (unbedingt die Quiche probieren) oder nur etwas trinken. Die gemütliche Terrasse verströmt ein bisschen Pariser Flair.

gerlóczy utca 1, www.gerloczy.hu, telefon: 1 5014000, geöffnet: täglich 7.00-23.00, preis: 3000 huf, u-bahn: m1, m2, m3 deák ferenc tér

(15) Weingeschäft, Probierstube und Weinbar in einem: Das ist die **Doblo Wine Bar**. Hier verbringt man einen entspannten Abend im Gewölbekeller, in dem regelmäßig Bands auftreten. Der Eigentümer veranstaltet ungefähr einmal pro Woche eine Weinprobe. Einfach mal vorbeischauen …

dob utca 20, www.budapestwine.com, telefon: 20 3988863, geöffnet: mo-fr 14.00-2.00, sa 17.00-3.00, so 17.00-1.00, preis: je nach wein, den man trinkt, u-bahn: m2 astoria

(16) Wörtlich übersetzt heißt das Restaurant **Kőleves** "Steinsuppe", was auf eine Legende zurückgeht. Steinsuppen stehen glücklicherweise nicht auf der Speisekarte, dafür einige andere Suppen sowie viele weitere Gerichte. Im Sommer kann man im schönen Garten (Kőleves Kert) etwas trinken oder sich auf einer der Schaukeln an der Bar niederlassen. Reservieren wird empfohlen.

kazinczy utca 37-41, www.koleves.com, telefon: 20 2135999, geöffnet: mo-fr 8.00-1.00, sa 9.00-1.00, so 12.00-0.00, preis: 2500 huf, u-bahn: m1 opera

(18) 2002 wurde eine alte Fabrik, der bereits der Abriss drohte, zu einer Kulturstätte mit lebhafter Kneipe umgewandelt. So wurde **Szimpla Kert** zur ersten und für viele, vor allem Ausländer, noch immer besten Ruinenkneipe von Budapest. Die ausgefallene Einrichtung lässt einen immer wieder etwas Neues entdecken, zum Beispiel ein Sofa aus einem halbierten Mini. Neben regelmäßigen Konzerten findet am Sonntagvormittag auch ein Bauernmarkt statt, auf dem Erzeuger Käse, Gemüse und Marmeladen anbieten.

kazinczy utca 14, www.szimpla.hu, telefon: 20 2618669, geöffnet: täglich 12.00-3.00, bauernmarkt so 9.00-14.00, preis: halber liter bier 500 huf, u-bahn: m2 astoria

(22) Die Wände des Restaurants **M.** sind mit braunem Packpapier tapeziert, auf das die Einrichtung eines Wohnzimmers gemalt ist. Auch die Tische sind mit Papier gedeckt. Nehmen Sie also einen Stift und lassen Sie Ihrer Fantasie freien Lauf. Die Karte ist einfach, wechselt aber wöchentlich. Es gibt gute ungarische Küche mit Einflüssen aus Nachbarländern. Die Salate sind reichhaltig und eher eine Haupt- als eine Vorspeise.

kertész utca 48, www.metterem.hu, telefon: 1 3223108, geöffnet: di-fr 18.00-0.00, sa-so 12.00-16.00 & 18.00-0.00, preis: 2500 huf, straßenbahn: 4, 6 király utca

(28) **TELEP**

(27) Der Erfolg der hippen Bistrobar **Spíler** war es, der Dutzende Pubs und Restaurants in den Gozsdu udvar lockte, wodurch die Gegend zu einer der beliebtesten von Budapest wurde. Auf der Speisekarte finden sich neben klassischen Gerichten auch Hamburger und *kenyérlángos*, ungarische Pizzen. Natürlich kann man auch nur eine Limo oder ein Bier trinken.
király utca 13, www.spilerbp.hu, telefon: 1 8781320, geöffnet: so-mi 8.00-0.00, do-sa 8.00-2.00, preis: 2000 huf, u-bahn: m1, m2, m3 deák ferenc tér

㉘ **Telep** ist ein echter Hotspot. In dieser kleinen Galerie mit Café begegnet man Künstlern, Taggern, Skatern und Bikern. Neben der Galerie in der ersten Etage befindet sich ein Graffitishop, in dem außer Sprühdosen auch Streetwear erhältlich ist. Das Café finden Sie im Erdgeschoss, das Untergeschoss beherbergt einige kleine Ateliers. In einem werden bunte Rucksäcke (Ykra) gefertigt, in einem anderen Longboards (Faun Project).
madách imre út 8, telefon: 30 6333608, geöffnet: mo-do & sa 12.00-0.00, fr 12.00-2.00, preis: espresso 300 huf, u-bahn: m1, m2, m3 deák ferenc tér

㉜ Das **Gerbeaud** ist die bekannteste Konditorei im Zentrum und dort bereits seit Mitte des 19. Jahrhunderts ansässig. Im Sommer gibt es draußen genügend Tische zum Sitzen. Das Gebäck mag zwar etwas teurer sein als anderswo, dafür aber auch deutlich kunstvoller. Der Inhaber ist ein Tausendsassa und betreibt gleich um die Ecke noch das Onyx, ein Sternerestaurant.
vörösmarty tér 7-8, www.gerbeaud.hu, telefon: 1 4299000, geöffnet: täglich 9.00-21.00, preis: gebäck ab 2000 huf, u-bahn: m1 vörösmarty tér

㉝ Das Bootsrestaurant **Spoon** liegt gegenüber dem Burgviertel und hat im Sommer zwei Terrassen, auf denen man in schöner Atmosphäre ungarische Gerichte mit mediterraner oder asiatischer Note genießen kann. Es gibt drei verschiedene Restaurants, von denen das eine etwas formeller ist. Wenn nach dem Hauptgang noch Platz für ein Dessert übrig ist, sollte man sich den Brownie nicht entgehen lassen.
vigadó tér, steg 3, www.spooncafe.hu, telefon: 1 4110933, geöffnet: täglich 12.00-0.00, preis: 5000 huf, straßenbahn: 2 vigadó tér

㊱ Neben der Elisabethbrücke gibt es zwei Lokale mit gleichem Inhaber. Das riesige und sehr beliebte **Kiosk** ist nicht nur ein wunderbarer Ort zum Essen, sondern abends auch zum Clubbing, denn die Cocktails sind hervorragend. Im Sommer hat das Lokal auch Tische auf dem Platz vor dem Haus, einem der schönsten Flecken an der Donau. Außerdem betreibt der Inhaber neben dem Kiosk das Restaurant Babel, das klassische ungarische Gerichte in edler Ausführung serviert.
március 15. tér 4, telefon: 70 3111969, geöffnet: mi-sa 12.00-1.00, so 12.00-18.00, straßenbahn: 2 marcius 15. tér

Shoppen

(1) Früher gab es in jedem Viertel in Budapest eine Markthalle (*vásárcsarnok*), einige von ihnen sind noch immer in Betrieb wie zum Beispiel die **Große Markthalle** (Nagy Vásárcsarnok) in der Altstadt. Innen gibt es schmiedeeiserne Konstruktionen zu bestaunen. Im Untergeschoss wird Fisch verkauft, im Erdgeschoss findet man Gemüse, Obst und Fleisch, und im Obergeschoss locken kleine Bars und Souvenirläden. Unbedingt probieren: *lángos*, frittiertes Fladenbrot, das süß oder herzhaft belegt wird. Die beliebteste Variante der Ungarn ist die mit Schmand, Käse und Zwiebeln.
vámház körút 1, telefon: 1 2176067, geöffnet: mo 6.00-17.00, di-fr 6.00-18.00, sa 6.00-15.00, straßenbahn: 2, 47, 49, u-bahn: 4 fővám tér

(2) Auf der Suche nach Schokolade und Pralinen allerbester Qualität? Dann sollten Sie bei **Rózsavölgyi Csokoládé** vorbeischauen. Es gibt auch Ausgefallenes wie zum Beispiel Schokolade mit einer Pilz- oder Biernote. Die Zutaten für einen echt ungarischen Kakao kann man ebenfalls erstehen. Er wird aus geschmolzener Schokolade ohne Milch zubereitet.
királyi pál utca 6, www.rozsavolgyi.com, telefon: 30 8148929, geöffnet: mo-fr 10.30-18.30, sa 12.00-18.00, u-bahn: m3 kálvin tér

(7) Ein Dutzend Designer arbeitet bei **Eventuell** zusammen. Das Ausgangsmaterial aller Entwürfe ist Stoff. Man kann die zumeist handgefertigten Stoffe als Meterware kaufen, aber auch in Form von Decken, Gardinen, Kleidung, Kissenbezügen, Tischdecken und Accessoires beziehen. Alles ist selbst gemacht, daher gibt es nur Unikate.
nyáry pál utca 7, www.eventuell.hu, telefon: 1 3186926, geöffnet: mo-fr 11.00-18.00, sa 10.30-14.00, u-bahn: m3 ferenciek tere

(11) **The Garden Studio** gehört der jungen Modeschöpferin Dori Tomcsanyi, die schon als Studentin mit eleganten Entwürfen, die von großen geometrischen Figuren geprägt waren, viel Anerkennung fand. Neben der eigenen Kollektion verkauft sie auch Modelle junger Kolleginnen wie Kele und Mei Kawa und bunte Rucksäcke von Ykra. Nicht verpassen: den Small Garden im hinteren Bereich mit Kinderkleidung aus Frankreich und Schweden.
vitkovics mihály utca 3-5, www.thegardenstudio.hu, telefon: 30 2593511, geöffnet: mo-fr 10.00-19.00, sa 10.00-14.00, u-bahn: m1, m2, m3 deák ferenc tér

⑫ Mögen Sie Lomografie, die lässige analoge Fotografie (oft mit Farbfiltern)? Dann sind Sie bei **Rododendron Art & Design** genau richtig. Außerdem werden hier Accessoires wie Schmuck und Taschen angeboten. Tipp: Betreten Sie den Laden von der Semmelweis utca aus und verlassen Sie ihn über den Innenhof. Nach Ladenschluss ist dieser Zugang geschlossen, dann muss man, um dem Spaziergang zu folgen, außen herumgehen.

semmelweis utca 19, www.rododendron.hu, telefon: 70 4195329, geöffnet: mo-fr 10.00-19.00, sa 10.00-16.00, u-bahn: m1, m2, m3 deák ferenc tér

(19) Immer nett: ein Buchladen mit Café, einer wie **Massolit** beispielsweise. Dort werden neue und gebrauchte englische Bücher verkauft. Viele Titel sind sehr günstig. Der Laden ist auf Judentum, Frauenstudien, Geisteswissenschaften und Politik spezialisiert. Im Café gibt es Brownies und Quiches.
nagy diófa utca 30, telefon: 1 7885292, geöffnet: mo-sa 10.00-20.00, so 12.00-20.00, preis: cappuccino 400 huf, straßenbahn: 4, 6 wesselényi utca

(20) Der Markenname **Laoni** ist ein Anagramm des Vornamens der Designerin Ilona Ács, die in ihrem Laden selbst entworfene Lederhandtaschen, Armbänder und Ringe verkauft. Ihr größter Erfolg ist die bunte Kollektion Kameleon: Handtaschen, an die man kleine Taschen in anderen Farben hängen kann. Es lohnt sich, einen Blick in ihren schönen Laden La Store by Laoni zu werfen, in dem sie auch Kleidung und Accessoires ungarischer Kolleginnen anbietet.
klauzál tér 1, www.laoni.hu, telefon: 1 3227481, geöffnet: mo-fr 10.00-19.00, straßenbahn: 4, 6 wesselényi utca

(21) Langspielplatten sind wieder in, bei **Laci Bácsi Lemezboltja** waren sie niemals out. Das Angebot an Rock-, Jazz- und Bluesplatten aus aller Welt ist gigantisch, Sonderauflagen und Sammlerstücke gibt es außerdem. Schon die schönen Plattencover lohnen einen Blick.
kertész utca 42, www.hanglemezek.hu, telefon: 30 9923478, geöffnet: mo-fr 12.00-19.00, straßenbahn: 4, 6 király utca

(23) **Látomás** hat drei Niederlassungen in Budapest. Übersetzt bedeutet der Name "Vision", und die Inhaberin zeigt im Geschäft tatsächlich ihre Vision von Mode. Wie sie selbst sagt, ist ihr Angebot irgendwo zwischen großen Modegeschäften und kleinen Designershops angesiedelt. Sie verkauft Kleidung und Accessoires ungarischer und internationaler Marken.
király utca 39, www.latomas.hu, telefon: 1 7866659, geöffnet: mo-fr 11.00-19.30, sa 11.00-18.00, straßenbahn: 4, 6 király utca

(24) Eine Langspielplatte als Brille? Bei **Orange Optika** gibt es so etwas. Die Tipton-Brüder mit amerikanischen und ungarischen Wurzeln entwerfen Brillenfassungen aus alten LPs, die sie von Musikproduzenten in Budapest erhalten. Fassungen aus Holz oder mit Filmstücken aus Spielfilmen sind weitere Renner.
király utca 38, www.tipton.hu, telefon: 1 2432931, geöffnet: mo-fr 10.00-19.00, sa 10.00-14.00, straßenbahn: 4, 6 király utca

㉕ Bei **Goahome** gibt es alles für das eigene Domizil. Die Möbel, Lampen und Einrichtungsgegenstände stammen oft direkt aus Asien oder sind von dieser Kultur inspiriert, wie zum Beispiel die schönen Kolonialmöbel. Tipp: Wer zwischendurch nach einem Kaffee mit etwas Süßem lechzt, bekommt auch das.

király utca 19-21, www.goaworld.hu, telefon: 1 3528442, geöffnet: mo-fr 10.00-19.00, sa 10.00-14.00, u-bahn: m1 opera

㉖ Eine ungewöhnliche Kombination: **Arioso** ist Blumenladen, Einrichtungsgeschäft und Café. Zu den ausgezeichneten Floristen kommt man durch einen eigenen Eingang, den Bereich mit Einrichtungsgegenständen von Designermarken wie etwa Lambert finden Sie hinter dem Café. Ein echter Geheimtipp ist die Terrasse im Innenhof, auf der Sie in aller Ruhe – die in dieser Gegend eher selten ist – Ihren Kaffee oder etwas anderes genießen können.

király utca 9, www.arioso.hu, telefon: 1 2663555, geöffnet: mo-fr 10.00-19.00, sa 10.00-16.00, u-bahn: m1, m2, m3 deák ferenc tér

㉙ **Printa** ist ein Concept-Store: Galerie, Geschäft, Akademie, Café und Atelier in einem. In der Galerie hängen vor allem Grafiken, die natürlich im Laden gekauft werden können. Künstler bieten regelmäßig Siebdruckkurse an. Zum Mitbringen für die Daheimgebliebenen gibt es im Geschäft T-Shirts und Sweatshirts mit Budapester Straßennamen.

rumbach sebestyén utca 10, www.printa.hu, telefon: 30 2920329, geöffnet: mo-fr 11.00-19.00, sa-so 12.00-18.00, u-bahn: m1, m2, m3 deák ferenc tér

㉚ Liebhaber von Retro- und Secondhandkleidung kommen in den zwei Etagen von **Retrock** voll auf ihre Kosten. Oben werden außerdem Schuhe, Taschen und nette Accessoires angeboten, während unten zusätzlich neue Mode von Marken wie Acid & Zorro und Freedoom präsentiert wird.

anker köz 2, www.retrock.com, telefon: 30 4723636, geöffnet: mo-fr 11.00-21.00, sa-so 11.00-20.00, u-bahn: m1, m2, m3 deák ferenc tér

㉛ **Nanushka** ist wahrscheinlich die bekannteste Vertreterin Ungarns auf dem internationalen Modemarkt. Trotz ihres Ruhms hält Designerin Sandra Sandor – die als Kind oft liebevoll Nanushka genannt wurde – an Budapest als Standort fest. Sie war die Erste, die mit einer ungarischen Marke einen Laden in der edlen "Fashion Street", der Deák Ferenc utca, eröffnete. Neben der schicken Damenkollektion ist auch die Einrichtung mit den schwebenden Tüchern sehenswert.

deák ferenc utca 17, www.nanushka.hu, telefon: 1 2141729, geöffnet: mo-sa 10.00-20.00, so 10.00-18.00, u-bahn: m1, m2, m3 deák ferenc tér

Belváros & Erzsébetváros

Starten Sie am Fővám tér und gehen Sie zur Markthalle ①. Zurück auf dem Platz rechts in die Só utca einbiegen, dann links in die Veres Pálné utca und wieder rechts in die Bástya utca. In der zweiten Straße links gibt es herrliche Pralinen ②. Weiter bis zum Egyetem tér gehen und dort rechts in die Kecskeméti utca ③ ④. Zurückgehen, den Platz auf der rechten Seite überqueren, um ein Museum ⑤ zu besuchen. Wenden und rechts der Papnövelde utca ⑥ Richtung Nyáry Pál utca folgen ⑦. Zurückgehen und links der Veres Pálné utca bis zur Irányi utca folgen. Dort rechts abbiegen ⑧ und dann links zum Ferenciek tere gehen. Die verkehrsreiche Kossuth Lajos utca überqueren und jenseits der Straße ⑨ in die Petőfi Sándor utca spazieren und dann rechts Richtung Pilvax köz gehen. Am Kamermayer tér rechts halten und am Gerlóczy ⑩ vorbei in die Vitkovics Mihály utca ⑪ bis zur Semmelweis utca ⑫ gehen. Geradeaus über den Innenhof der Semmelweis utca 19 zur Károly körút und diese überqueren. Bis zur Großen Synagoge ⑬ rechts halten. Dort in die Wesselényi utca, am Garten der Synagoge entlang und links in die Rumbach Sebestyén utca einbiegen. Rechts in die Dob utca ⑭ ⑮ abbiegen und dann links in die Kazinczy utca ⑯. Zurückgehen zu einer weiteren Synagoge ⑰ oder etwas weiter die erste Ruinenbar ⑱ besuchen. Wenden und rechts in die Wesselényi utca und dann links in die Nagy Diófa utca ⑲ einbiegen. Am Klauzál tér bis zur Ecke gehen ⑳ und dann rechts in die Dob utca abbiegen. Links der Kertész utca ㉑ ㉒ folgen und am Ende der Straße links in die Király utca ㉓ ㉔ ㉕ ㉖ abbiegen. Bei Hausnummer 13 links in die Gozsdu udvar spazieren. An Spíler ㉗ vorbei rechts den ersten Durchgang in die Madách Imre út ㉘ nehmen. Links in der Rumbach Sebestyén utca bei Printa ㉙ vorbeischauen, schräg gegenüber die alte Rumbach-Synagoge besuchen. Zur Király utca zurückgehen, links abbiegen und dann rechts Richtung Anker köz ㉚. Die Károly körút Richtung Deák Ferenc tér überqueren. Durch die Fashion Street (Déak Ferenc utca) ㉛ zum Vörösmarty tér ㉜ bummeln. Über die Vigadó utca zum Vigadó tér ㉝ ㉞ gehen. Der Promenade bis zur weißen Erzsébetbrücke folgen. Vor der Brücke links abbiegen und am Március 15 tér ㉟ ㊱ vorbei rechts in die Váci utca einbiegen ㊲.

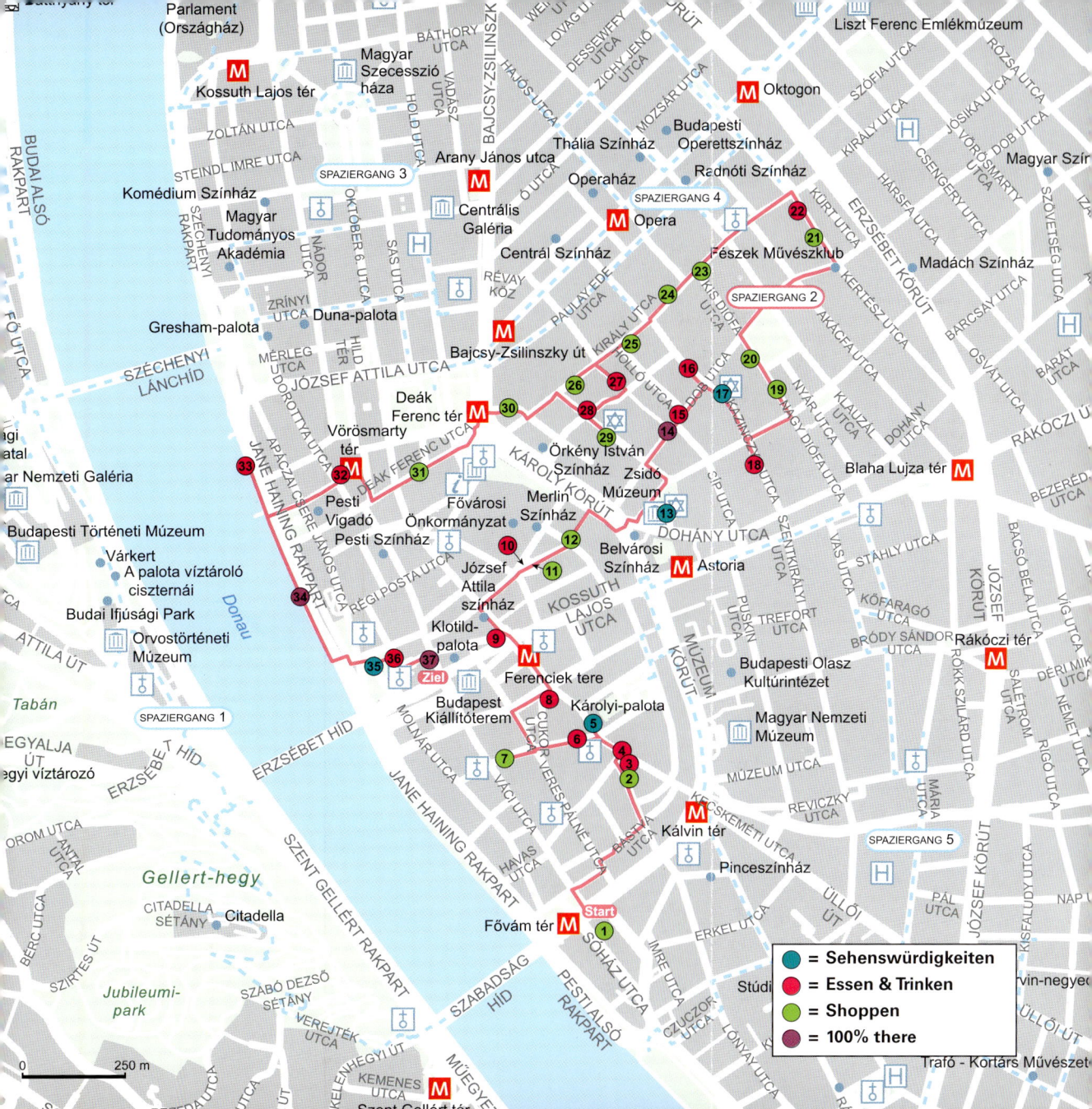

Lipótváros, Margareteninsel & Óbuda

Geschichtsträchtig und grün

Budapest hat neben Buda und Pest noch einen dritten Altstadtteil: Óbuda. 1873 wurden die drei Städte an beiden Ufern der Donau zur Stadt Budapest zusammengelegt. Damals hatte die Stadt bereits 300.000 Einwohner. Heute sind es etwa über 1,7 Millionen. Die Kettenbrücke (Lánchíd) verbindet Buda und Pest. Der Széchenyi tér bildet auf der Pest-Seite den Übergang zwischen den Vierteln Belváros und Lipótváros. In Lipótváros befinden sich viele Ministerien und Bankhäuser, aber auch das Parlament und die Basilika. Das Viertel ist nach einem ungarischen König aus dem Hause Habsburg benannt, und Lipótváros ist die ungarische Bezeichnung für Leopoldstadt. Vor allem tagsüber herrscht hier viel Betrieb.

Oftmals in der Geschichte war der Platz vor dem Parlament, der Kossuth Lajos tér, Schauplatz von Protesten. Die bedeutendste Demonstration fand im Herbst 1956 statt, als sich die Ungarn gegen die Sowjetmacht erhoben. Erst 2006 belagerten Budapester den Platz monatelang aus Unzufriedenheit

3

mit der damaligen Regierung. 2013 wurde der Platz nach alten Vorlagen von vor 1940 umgestaltet.

Die meisten Gebäude in diesem Viertel stammen aus dem 19. Jahrhundert und später. Das Donau-Hochwasser von 1838 zerstörte große Teile von Pest. In den darauffolgenden Jahren wurde die Stadt jedoch wiederaufgebaut. Aus der Zeit stammen auch die großen Ringstraßen, von denen die Szent István körút den Stadtteil im Norden begrenzt. Diese Ringstraße führt über die Margaretenbrücke nach Buda. Von der Brücke aus gelangt man auf die Margareteninsel mit ihrem großen Stadtpark. Hierher kommen die Budapester, um zu joggen (der Park verfügt über eine fünf Kilometer lange Finnenbahn), zu picknicken oder sich in einem der Schwimmbäder zu erfrischen.

Am anderen Ende der Insel führt eine zweite Brücke nach Óbuda, auf Deutsch "Alt-Buda" oder "Alt-Ofen". Das Viertel ist weniger bekannt und deswegen auch weniger touristisch, aber es hat einen schönen, charakteristischen Kern.

6 Insider-Tipps

St.-Stephans-Basilika

Zur Kuppel hinaufsteigen, um die großartige Aussicht zu genießen.

Borkonyha

In der "Weinküche" den köstlichen Versuchungen erliegen.

Schuhe am Donau-Ufer

Am Ufer der Donau eine Gedenkpause einlegen.

Falk Miksa Utca

Sammeln Sie etwas? Hier werden Sie fündig.

Kiskakkuk

In klassischer Umgebung ungarisch speisen.

Margareteninsel

Auf dem Rasen picknicken oder faulenzen.

● **Sehenswürdigkeiten**
● **Shoppen**

● **Essen & Trinken**
● **100% there**

Sehenswürdigkeiten

(7) Der **Greshampalast** ist ein Jugendstilgebäude aus dem frühen 20. Jahrhundert und war Hauptsitz der englischen Versicherungsgesellschaft Gresham. 1999 wurde er von der Four-Seasons-Gruppe gekauft und in ein Hotel umgebaut – das teuerste von Budapest. Betreten Sie die Lobby, um die Jugendstilelemente zu bewundern. Sie können auch im Restaurant etwas essen.
széchenyi istván tér 5-6, www.fourseasons.com/budapest, telefon: 1 2686000, geöffnet: restaurant täglich 7.00-11.00 & 12.00-22.00, eintritt: frei, restaurant 5000 huf, straßenbahn: 2 széchenyi istván tér

(12) Die alte Postsparkasse, **Postatakarékpénztár**, die heute das Finanzministerium beherbergt, ist eines der auffälligsten Gebäude in Budapest. Es ist zwar schön verziert und die Fenster haben eine besondere Form, aber die eigentliche Sensation befindet sich auf dem Dach. Leider kann man dort nicht hinauf, und Sie müssen versuchen, das grün-gelbe Zsolnay-Dach von der Straße aus zu entdecken.
hold utca 4, u-bahn: m3 arany jános utca

(15) Zum Verdruss vieler Ungarn steht auf dem Platz Szabadság tér noch ein **Denkmal aus Sowjet-Zeiten**. Mit ihm, dem letzten in der Innenstadt, das nach dem Fall des Eisernen Vorhangs nicht zerstört wurde, wird der bei der "Befreiung" von Budapest 1945 gefallenen russischen Soldaten gedacht. Verblüffend, wie die Budapester dem kommunistischen Relikt Paroli bieten: In der Nähe steht eine Statue von Ronald Reagan, dem ehemaligen US-Präsidenten, der in Richtung US-Botschaft zu gehen scheint. Man kann ihm die Hand schütteln – am abgewetzten Metall ist zu sehen, dass dies oft passiert.
szabadság tér, u-bahn: m2 kossuth lajos tér

(17) Ungarn hatte eine eigene Jugendstilbewegung mit Namen *szecesszió*. Das **Szecesszió Háza** (Jugendstilhaus) ist hierfür innen wie außen ein Paradebeispiel. Von 1997 bis 2007 wurde es prachtvoll restauriert. Im Inneren befindet sich ein Museum, das eine umfangreiche Möbel- und Porzellansammlung zeigt und gleichzeitig auch als Laden dient, da manche Ausstellungsstücke zu erwerben sind. Im Jugendstil-Café können Sie etwas trinken.
honvéd utca 3, www.magyarszecessziohaza.hu, telefon: 1 2694622, geöffnet: mo-sa 10.00-17.00, eintritt: 2000 huf, u-bahn: m2 kossuth lajos tér

(18) Das **Denkmal für Imre Nagy** stellt einen Mann auf einer kleinen Brücke dar, der zum Parlament blickt. Imre Nagy war während des ungarischen Aufstands gegen die Sowjets im Jahr 1956 Premierminister. Als die Sowjetarmee die Revolution nach ein paar Tagen beendete, wurde er festgenommen und 1958 gehängt. Nach der Wende von 1989 wurde er rehabilitiert und auf den Hősök tere umgebettet.

vértanúk tere, u-bahn: m2 kossuth lajos tér

(19) Die **Schuhe am Donau-Ufer** sollen an die Juden erinnern, die am Ende des Zweiten Weltkriegs von den Pfeilkreuzlern buchstäblich in den Fluss geschossen wurden. Die Pfeilkreuzler wurden 1944 von den Nazis an die Macht gebracht und führten eine Terrorherrschaft. Das beeindruckende Mahnmal wurde 2005 eingeweiht.

pesti alsó rakpart, u-bahn: m2 kossuth lajos tér

(20) Wer eine Führung durch das neugotische **Parlamentsgebäude** mitmacht, sieht dort die Stephanskrone mit dem schiefen Kreuz, seit über 1000 Jahren das Symbol Ungarns. Die Krone wird von Soldaten strengstens bewacht. Die Kuppel des Parlamentsgebäude ist, wie die der Basilika, 96 Meter hoch. Das Bauwerk wurde dem britischen Parlamentsgebäude nachempfunden und ist eines der größten Ungarns.

kossuth lajos tér 1-3, www.parlament.hu, telefon: 1 4414904, führungen (englischsprachig) täglich 10.00, 12.00, 13.00, 14.00, 15.00, eintritt: 1750 huf (tipp: vorher online reservieren), u-bahn: m2 kossuth lajos tér

(21) Der **Kossuth Lajos tér**, der Platz vor dem Parlamentsgebäude, steckt voller Erinnerungen an ungarische Aufstände. Lajos Kossuth, nach dem der Platz benannt ist, war 1848 der Revolutionsführer gegen die Habsburger. Hier brennt eine ewige Flamme für die Menschen, die starben, als die Geheimpolizei 1956 das Feuer auf die Aufständischen eröffnete. Im Gebäude des Landwirtschaftsministeriums weisen Eisenkugeln auf die Mauerstellen hin, ~in die die Munition einschlug. Außerdem steht hier die Statue von Prinz Ráckóczi, der 1703 einen Aufstand gegen die Habsburger anführte.

kossuth lajos tér, u-bahn: m2 kossuth lajos tér

POSTATAKARÉKPÉNZTÁR ⑫

㉒ Die Ungarn sind stolz auf ihre Geschichte und Traditionen. Dazu gehören auch die Trachten und typischen Gegenstände, die im Alltag aber kaum mehr auftauchen. Dafür können sie im **Völkerkundemuseum** besichtigt werden. Dort wurde sogar ein Hochzeitssaal detailgetreu nachgebaut. In den Sonderausstellungen stehen meistens internationale Völkerkundethemen im Fokus.
kossuth lajos tér 12, www.neprajz.hu, telefon: 1 4732400, geöffnet: di-so 10.00-18.00, preis: eintritt: 1400 huf, u-bahn: m2 kossuth lajos tér

(24) Das **Vígszínház** (Lustspieltheater) bringt Komödien und andere Stücke auf die Bühne. Es werden ungarische und Arbeiten internationaler Autoren wie Shakespeare und Almodóvar aufgeführt. Die Vorstellungen sind zwar auf Ungarisch, aber das Gebäude ist einen Besuch wert. Es fällt an der Szent István körút besonders auf, weil es frei steht und eine eigene Auffahrt hat.
szent istván körút 14, vigszinhaz.hu, telefon: 1 3292340, straßenbahn: 4, 6 jászai mari tér

(25) Das französische Unternehmen Eiffel, das vom Erbauer des berühmten Turms gegründet wurde, hat auch den Budapester Westbahnhof (**Nyugati Pályaudvar**) errichtet. Der Monumentalbau dominiert den Platz, der nach dem Bahnhof benannt wurde. Ein Gebäude rechts des Bahnhofes ist wohl eine der schönsten McDonald's-Filialen weltweit.
nyugati tér, geöffnet: täglich rund um die uhr, u-bahn: m3, straßenbahn: 4, 6 nyugati pályaudvar

(28) Der **musizierende Springbrunnen** lässt sein Wasser auf Rhythmen von Musik tanzen. Das Repertoire erstreckt sich von Vivaldi, Verdi und Brahms bis zu Liedern von Simon & Garfunkel, The Rolling Stones, The Shadows, CCR oder Andrea Boccelli. Zwei bis vier Stücke werden pro Stunde gespielt, das komplette Programm von acht Stücken ertönt nur um 18 Uhr und um 21 Uhr. Dank der Illumination ist das Spektakel in der Dämmerung am schönsten.
margitsziget, geöffnet: mai-okt. 10.00-22.00 (jede volle stunde), straßenbahn: 4, 6 margitsziget

(31) In der Mitte der Margareteninsel steht ein **Wasserturm**, der 1911 erbaut wurde. Am Fuß des Turms befindet sich das **Szabadtér Theater**, ein großes Amphitheater, in dem im Sommer Vorstellungen und Konzerte stattfinden.
margitsziget, www.szabadter.hu, telefon: 1 2018798, geöffnet: theater mai-aug., programm und preise siehe website, bus: 26 szabadtéri szinpad

(34) Im **Vasarely-Museum** werden Arbeiten des Malers Victor Vasarely gezeigt. Er gilt als Vater der Op-Art, der optischen Kunst. Seine geometrischen Bilder hängen in Museen der ganzen Welt und natürlich auch in seinem Geburtsland, obwohl er mit 22 Jahren nach Paris zog, um dort als Grafiker zu arbeiten.
szentlélek tér 6, www.vasarely.hu, telefon: 1 3887551, geöffnet: di-so 10.00-17.30, eintritt: 800 huf, szentendrei hév: árpád híd

㊱ Direkt vor dem **Imre-Varga-Museum** kommt man an Frauen-Skulpturen mit Regenschirmen vorbei: eine Arbeit von Imre Varga. Auch die Statue von Premierminister Nagy auf der Brücke am Parlament und die silberne Trauerweide bei der Großen Synagoge stammen von ihm. Das Museum bietet eine gute Übersicht über sein Leben und Werk, und der Skulpturengarten lädt zum Ausruhen ein.

laktanya utca 7, telefon: 1 2500274, geöffnet: di-so 10.00-18.00, eintritt: 600 huf, szentendrei hév: árpád híd

Essen & Trinken

③ Eine der besten Lokalitäten, um in aller Ruhe etwas zu trinken, ist zweifels-ohne das japanische Teehaus **Marumoto**. Wer hier einen Tee bestellt, bekommt dazu eine ausführliche Anleitung, wie man ihn einschenkt und trinkt. Unbedingt probieren: *macha espresso*, dickflüssiger japanischer grüner Tee mit einer Haube aus Milchschaum. Sogar das Gebäck schmeckt stilgerecht teils nach schwarzem oder grünem Tee. Wundern Sie sich nicht, wenn Ihr Trinkgeld abgelehnt wird – das kennt man in Japan nicht.
hercegprímás utca 9, www.marumoto.eu, telefon: 1 2692849, geöffnet: täglich 10.00-22.00, preis: macha espresso 590 huf, u-bahn: m2 arany jános utca

④ Aus der Küche von **Borkonyha** ("Weinküche") kommen köstliche Gerichte: ungarische Klassiker in edler Ausführung. Probieren Sie ein Gericht mit Fleisch vom Mangalica-Schwein, dem ungarischen Wollschwein, das Locken hat wie ein Schaf. Das Lokal macht seinem Namen alle Ehre, denn Gäste können aus etwa 50 verschiedenen Weinen auswählen.
sas utca 3, www.borkonyha.hu, telefon: 1 2660835, geöffnet: mo-sa 12.00-0.00, preis: 4200 huf, u-bahn: m1, m2, m3 deák ferenc tér

⑥ Obwohl das stilvolle Restaurant **TG Italiano** heißt, nennen die Budapester es nach wie vor Tom George. Wie der offizielle Name vermuten lässt, wird italienische Küche serviert: Nudeln, Grillgerichte und natürlich auch leckere Pizzen. Die große Terrasse mit Aussicht auf die Basilika ist ganzjährig geöffnet, im Winter selbstverständlich überdacht und beheizt.
október 6. utca 8, www.tomgeorge.hu, telefon: 1 2663525, geöffnet: so-do 11.50-0.00, fr-sa 11.50-1.00, preis: pizza 2400 huf, straßenbahn: 2 széchenyi istván tér

⑨ Für Kaffeejunkies ist **Espresso Embassy** Pflicht. Die Liebe, mit der die Baristas Cappuccino, Latte und *flat white* zubereiten, schmeckt man förm-lich. Wer einen Filterkaffee vorzieht, kann aus verschiedenen Bohnensorten wählen. Ein Glas gefiltertes Wasser als Begleiter kann man sich selbst neben dem Tresen abfüllen.
arany jános utca 15, telefon: 30 8649530, geöffnet: mo-fr 7.00-19.00, sa 9.00-19.00, preis: cappuccino 550 huf, u-bahn: m3 arany jános utca

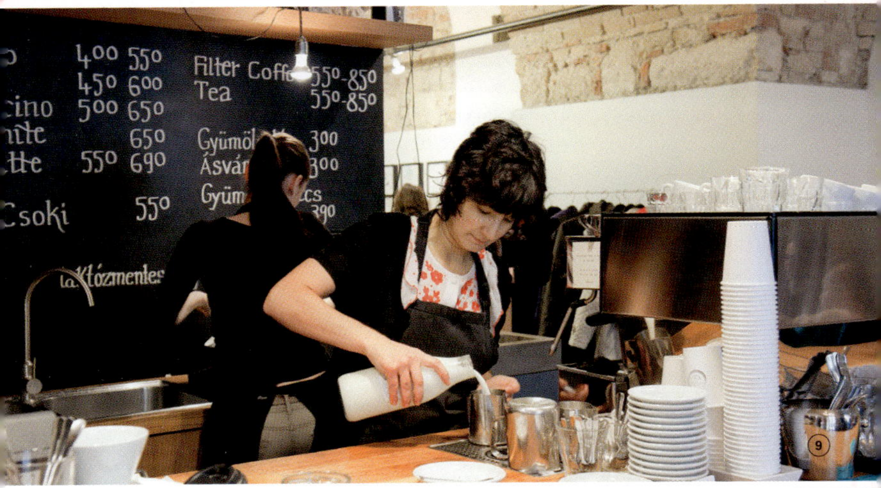
400 550
450 600
500 650
650
550 690
Csoki 550
Filter Coff
Tea
550-850
550-850
300
300
390
9

3

27

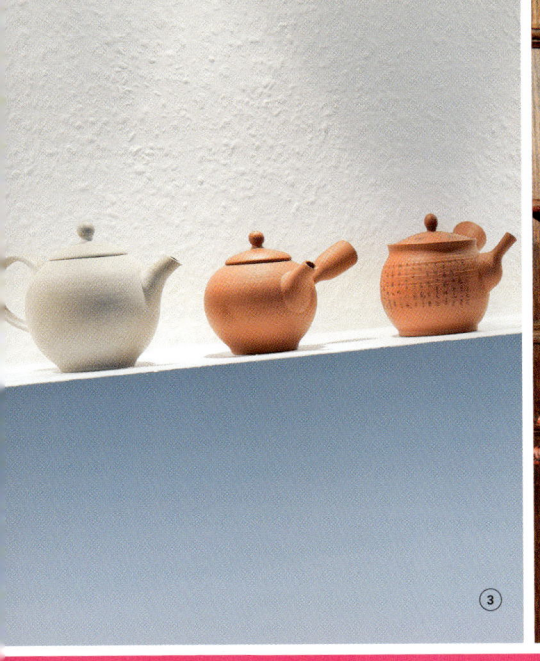

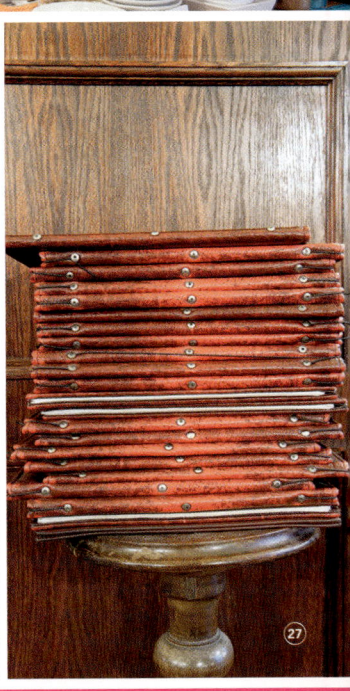

(13) Das gemütliche Bistro **Kispiac** ("kleine Markthalle") liegt neben einer kleinen Markthalle. Das Lokal ist so winzig, dass höchstens 16 Leute hinein-passen. Im Sommer kein Problem, denn dann kann man auf die Terrasse vor dem Lokal mit Blick auf die ehemalige Postsparkasse ausweichen. Vorspei-sen wie Fischsalat mit Ei werden in einem Einweckglas serviert. Am Spieß werden manchmal ganze Enten und ab und zu auch ein Spanferkel gebraten. Die Küche ist offen, den Gästen entgeht daher nichts. Da das Lokal beliebt ist, ist Reservieren empfohlen.

hold utca 13, www.kispiac.eu, telefon: 1 2694231, geöffnet: mo-sa 12.00-22.00, preis: 2000 huf, u-bahn: m3 arany jános utca

(16) **Farger** ist ein echtes Nachbarschaftscafé, und viele Gäste stammen aus dem Viertel. Den Kaffee kann man zwar auch mitnehmen, aber auf der Terrasse mit Blick auf den Szabadság tér schmeckt er sicher besser. Mittagessen gibt es auch: Die Sandwiches und Burger sind sehr lecker.

zoltán utca 18, www.farger.hu, telefon: 20 2377825, geöffnet: mo-fr 7.00-22.00, sa-so 9.00-18.00, preis: mittagessen 1000 huf, u-bahn: m2 kossuth lajos tér

(27) Das Restaurant **Kiskakukk** ("kleiner Kuckuck") existiert bereits seit 1913, und das sieht man innen auch: Die Holzverkleidung und die Speisekarte sind noch wie anno dazumal. Das Ambiente ist klassisch-vornehm, hier fühlt man sich wie einst die wohlhabenden Budapester. Die Küche serviert gute unga-rische Gerichte. Probieren Sie unbedingt gefüllten Kohl oder Brassoi, einen Schmortopf mit Schweinefleisch und Kartoffeln.

pozsonyi út 12, www.kiskakukk.hu, telefon: 1 4500829, geöffnet: täglich 12.00-0.00, preis: 2500 huf, straßenbahn: 4, 6 jászai mari tér

(33) Auf der Margareteninsel stehen einige Hotels, von denen das Danubius-Hotel besonders auffällt, weil es aus zwei Gebäuden besteht: einem alten sowie einem relativ neuen. Zum alten Gebäude gehört das Restaurant **Széchenyi Grill Terrace**, das sich am Rand einer Wiese befindet. Hier kann man im Schatten der Bäume wunderbar essen und trinken.

margitsziget, telefon: 1 8894700, geöffnet: täglich 7.00-10.00 & 12.00-15.00 & 19.00-23.00, preis: 4500 huf, straßenbahn: 4, 6 margitsziget, bus: 26 szállodák

KISPIAC ⑬

Shoppen

(2) Die Dänin Gitte Nielsen wohnt schon seit Jahren in Budapest und verkauft die Kollektion ihres eigenen Labels **Dagminell** in einem Laden direkt neben der Basilika. Spezialisiert hat sie sich auf Handtaschen, Schuhe, Schals und Accessoires. Die Kleidung und der Schmuck in ihrem Laden stammen von anderen dänischen Designern wie etwa Day, Rutzou oder Style Butler.
szent istván tér 2, www.dagminell.com, telefon: 1 2669919, geöffnet: mo-fr 10.00-18.00, sa 10.00-17.00, u-bahn: m1, m2, m3 deák ferenc tér

(5) Die meisten Buchhandlungen in Budapest sind für Touristen, die des Ungarischen nicht mächtig sind, nur bedingt interessant. Die Ausnahme: **Bestsellers**. Hier gibt es ein großes Sortiment englisch-, französisch- und deutschsprachiger Bücher, Zeitschriften und Zeitungen. Wer länger in der Stadt verweilen möchte, kann ein Zeitschriften-Abo bestellen. Die DVD-Auswahl ist sehenswert.
október 6. utca 11, www.bestsellers.hu, telefon: 1 3121295, geöffnet: mo-fr 9.00-18.30, sa 10.00-17.00, so 10.00-16.00, u-bahn: m3 arany jános utca

(8) Lange Zeit gab es Kinderkleidung in Ungarn nur in drei Farben: Hellrosa, Hellblau und Hellgelb. **Gogoo** war einer der ersten Läden in Budapest, der dank skandinavischer Marken eine Alternative schuf. Zwischen den Spielsachen und Kinderkleidern wartet sicher auch ein passendes Geschenk für die eigenen Nichten und Neffen.
arany jános utca 7, www.gogoo.hu, telefon: 70 4226975, geöffnet: mo-fr 10.00-19.00, sa 11.00-16.00, straßenbahn: 2 széchenyi tér

(10) Der **Old School Retro Store** ist eine Hommage an die 1950er- und 1960er-Jahre. In dem gemütlichen Laden gibt es Spielzeug, Wecker, Figuren, Lampen, Poster und noch vieles mehr aus der guten alten Zeit – das meiste stammt selbstverständlich noch aus der kommunistischen Ära.
október 6. utca 19, retrostore.blog.hu, telefon: 20 9211587, geöffnet: mo-fr 12.00-20.00, sa 12.00-17.00, u-bahn: m3 arany jános utca

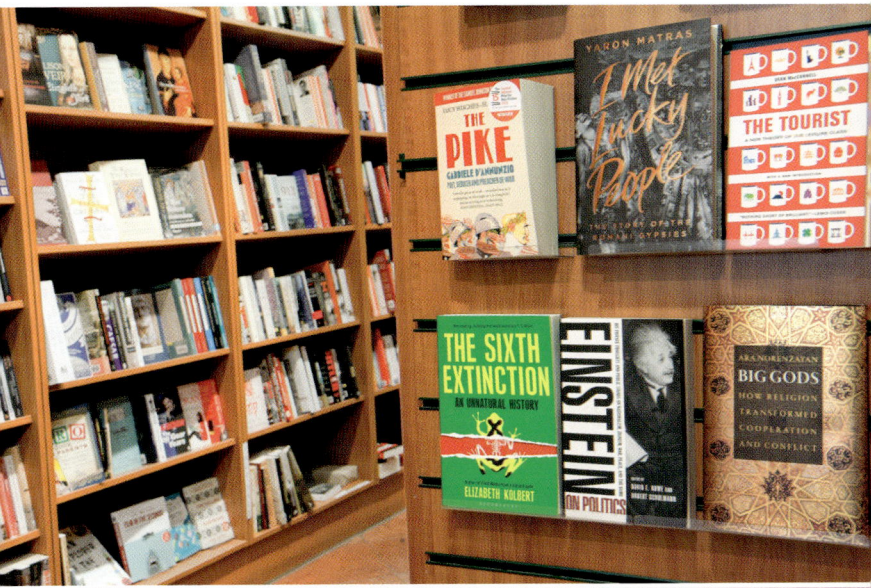

⑭ In der **Markthalle Hold utca** findet noch immer ein Markt statt, heute aber mit weniger Händlern und mehr Essensbuden als früher. Sie ist zwar nicht so groß wie die Große Markthalle, doch dafür gemütlicher. Auch hier wurde viel Schmiedeeisen verbaut. Der Markt ist nichts für Langschläfer, denn zahlreiche Händler brechen bereits um die Mittagszeit wieder auf. *hold utca 13, geöffnet: mo 6.30-17.00, di-fr 6.30-18.00, sa 6.30-14.00, u-bahn: m3 arany jános utca*

(23) Der **Falk Miksa utca** beherbergt fast 30 Antiquitätenläden. Der eine ist auf Jugendstil spezialisiert, der andere auf Schmuck oder Glas. Für jeden Geschmack ist etwas dabei. Zwar kennen die Händler die Qualität ihrer Antiquitäten – und die Preise sind dementsprechend hoch –, aber dennoch findet sich ab und zu ein Schnäppchen.

falk miksa utca, geöffnet: mo-sa 10.00-18.00 (gilt für die meisten läden), straßenbahn: 4, 6 jászai mari tér

(26) Auf drei Etagen verteilt, bietet das **Westend City Center** Platz für mehr als 400 Geschäfte (oft von internationalen Ketten), einen sogenannten Food Court, einen Supermarkt, ein Kino und im Winter eine Eisbahn auf dem Dach. Im ersten Untergeschoss finden Sie einige Läden mit sehr günstigen Schuhen und Abendkleidung.

váci út 1-3, www.westend.hu, telefon: 1 2387777, geöffnet: geschäfte mo-sa 10.00-21.00, so 10.00-18.00, kino täglich bis etwa 23.00, u-bahn: m3, straßenbahn 4, 6 nyugati pályaudvar

DAGMINELL ②

100% there

① Mit dem Lift (oder über 302 Stufen) gelangen Sie in den Panoramaturm der **St.-Stephans-Basilika**. Von dort haben Sie eine schöne Aussicht über die Stadt. Die Kuppel ist 96 Meter hoch (wie die vom Parlament), weil die Magyaren im Jahr 96 nach Ungarn kamen. Die Basilika wurde nach dem heiligen König Stephan benannt. Im Inneren befindet sich seine mumifizierte Hand.
szent istván tér, bazilika.biz, telefon: 1 3172859, geöffnet: mo-fr 9.00-16.00, sa 9.00-13.00, so 13.00-16.00, eintritt: kirche frei, kuppel 500 huf, u-bahn: m1, m2, m3 deák ferenc tér

⑪ Der Freiheitsplatz, wie der **Szabadság tér** übersetzt heißt, besteht aus verschiedenen auffälligen Bauten wie dem Haus des ungarischen Fernsehens. Hier gibt es auch zwei Spielplätze und einen Springbrunnen. Der kleine Grünstreifen auf der rechten Seite des Platzes war der erste Park in Pest. Er wurde vom Grafen Széchenyi angelegt, um die Luft in Budapest zu verbessern. Auch heute noch ein herrlicher Ort zum Verschnaufen.
szabadság tér, u-bahn: m2 kossuth lajos tér

㉙ Das **Holdudvar** ist nur im Frühling und Sommer geöffnet. Im Restaurant-Garten kann es sehr voll werden, aber es lohnt sich, einen freien Platz zu suchen. In der Galerie werden verschiedene Ausstellungen gezeigt und im Open-Air-Kino regelmäßig Filme.
margitsziget, www.holdudvar.net, telefon: 1 2360155, geöffnet: apr.-sept. täglich 12.00-0.00, straßenbahn: 4, 6 margitsziget

㉚ Was in Ungarn mit "Strand" gemeint ist, hat wenig mit dem zu tun, was wir von der Nord- oder Ostsee her kennen. Der **Palatinus Strand** ist ein lang gestreckter Park mit Wiesen und sieben Freibädern. Einige davon sind Thermalbäder, andere wiederum Freizeitbäder mit Rutschen und Wellenbecken. Im Park stehen außerdem Tischtennisplatten und Trampoline. Der einzige Nachteil: Es gibt kaum Schatten.
margitsziget, www.palatinusstrand.hu, telefon: 1 3404505, geöffnet: mai-aug. täglich 9.00-19.00, eintritt: park frei, schwimmbad 2600 huf, bus: 26 palatinus strand

③② Die **Margareteninsel** liegt mitten in der Donau. Die Budapester gehen dorthin zum Spazieren, Radfahren, Joggen oder **Picknicken**. Auf den Wiesen treffen sich bei schönem Wetter ganze Familien. Es wird Fußball gespielt, gelesen, geschlafen und mit Hunden gespielt. Machen Sie es wie die Budapester, nehmen Sie Essen und Trinken mit, setzen Sie sich irgendwo hin und genießen Sie die Insel!
margitsziget, straßenbahn: 4, 6 margitsziget

③⑤ Im Sommer ist **Kobuci Kert** *the place to be* in Óbuda. Es treten Bands auf, man sitzt auf Bänken an langen Tischen, und alles findet im Freien statt.
fő tér 1, www.kobuci.hu, telefon: 1 2057282, geöffnet: mo-fr 16.00-4.00, sa-so 10.00-4.00, eintritt: wechselnd, szentendrei hév: árpád híd

Lipótváros, Margareteninsel & Óbuda

S P A Z I E R G A N G   3 (ca. 11 km)

Der Spaziergang beginnt bei der Basilika (1) am Szent István tér. Gleich daneben finden Sie dänische Mode (2). Zurück, an der Basilika vorbei, dann können Sie in der Hercegprímás utca einen Tee trinken (3). Den Platz vor der Basilika geradeaus und dann links in die Sás utca (4) gehen. Umkehren und links in die Zrínyi utca einbiegen. Am dicken Polizisten rechts vorbei in der Október 6 utca in Büchern schmökern (5). Der Zrínyi utca (6) bis zum Széchenyi István tér folgen und links abbiegen, um Jugendstil zu bewundern (7). Wenden und geradeaus der Akadémia utca folgen. Dann rechts die Arany János utca (8) (9) nehmen und rechts in der Október 6 utca einen tollen Laden besuchen (10). Der Straße in andere Richtung zum Springbrunnen (11) folgen. Rechts an der Nationalbank vorbei Richtung Hold utca (12) (13) (14) gehen. Links in die Perczel Mór utca abbiegen, den Platz überqueren (15) und in die Zoltán utca spazieren (16). Zurück auf dem Platz in die Honvéd utca (17) abbiegen und dann links in die Báthori utca. Über den Vértanúk tér (18) erreichen Sie den Kossuth Lajos tér. Um das Schuh-Mahnmal (19) zu sehen: links Richtung Donau gehen, die Treppe nehmen und die Straße zum Ufer überqueren. Dann noch etwa 200 m in Richtung Kettenbrücke. Zurück am Kossuth Lajos tér (20) (21) den Platz überqueren (22). Richtung Falk Miksa utca (23) spazieren und beim Szent István körút rechts abbiegen (24). Zur Kreuzung gehen, um einen schönen Bahnhof (25) und ein Shoppingparadies (26) zu besuchen. Zur Donau zurückkehren, rechts in die Hollán Ernő utca abbiegen, dann die erste Straße links nehmen und sofort wieder rechts in die Pozsonyi út (27). Zurückgehen und über die Brücke rechts vom Platz Jászai Mari tér zur Margareteninsel gehen. Am Kreisverkehr vorbei zum Springbrunnen (28) spazieren und dort den Weg rechts von der Straße Richtung Holdudvar (29) nehmen. Ein kleiner Schlenker nach links (jenseits der Teerstraße) bringt Sie zum Schwimmbad (30). Dem Weg weiter folgen, der an Ausgrabungen, einem Wasserturm (31), einer Picknickwiese (32) und einer Caféterrasse (33) vorbeiführt. Am Ende der Insel hinter dem Parkplatz liegt der Aufgang zur Árpád-Brücke. Über die Nordseite der Brücke zur Budaer Uferseite gehen und dort die Treppe hinunter. Über den Szentlélek tér (34) gelangen Sie zum Fő tér (35) (36).

= Sehenswürdigkeiten

= Essen & Trinken

= Shoppen

= 100% there

Andrássy út & Stadtwäldchen

Prachtvoller Boulevard, imposanter Platz und schöner Park

Der breite Boulevard Andrássy út war die Hauptachse des wohlhabenden Budapest des 19. Jahrhunderts. Er erstreckt sich vom Hősök tere (Heldenplatz) und dem Stadtpark bis zum Erszébet tér (Elisabethplatz) in der Innenstadt. Unter dem Boulevard liegt die 1896 fertiggestellte und somit älteste U-Bahn des europäischen Festlands. Boulevard samt U-Bahn gehören seit 1987 zum Weltkulturerbe der UNESCO, Änderungen an Fassaden sind seitdem verboten.

Im Stadtwäldchen gibt es jede Menge zu sehen: einen Zirkus, einen Freizeitpark, den Budapester Zoo, eine Eislaufbahn, eine Konzerthalle und Spielplätze. In der Mitte liegt das Széchenyi-Bad mit einem Gebäude, das einem Palast ähnelt. Hier kann man sich wunderbar entspannen.

Wegen der Ähnlichkeit mit ihrem berühmten Pariser Pendant wird die Andrássy út auch oft "Champs-Élysées von Budapest" genannt. In der Nähe vom Heldenplatz wird der Boulevard von stattlichen Villen gesäumt, die teil-

weise Botschaften beherbergen. Links und rechts der Fahrbahn verlaufen Alleen, durch die Einwohner und Touristen schlendern. An der Zentrumseite des Boulevards stehen zwar größere Mehrparteienhäuser, doch auch ihnen ist anzusehen, dass sie von wohlhabenden Bürgern stammen. Noch immer ist die Andrássy út ein Wohnort für Besserverdienende. Nach und nach haben sich hier auch die Filialen internationaler Modehäuser niedergelassen.

Die ungarische Staatsoper liegt an dem Boulevard in einer Gegend voller Shopping- und Ausgehmöglichkeiten. Die Hajós utca ist bekannt für ihre originellen Boutiquen und gehobenen Modeläden, die Nagymező utca, die auch als Broadway von Budapest bezeichnet wird, für die zahlreichen Theater und Musikbühnen. Am Franz-Liszt-Platz (Liszt Ferenc tér) können Sie eines der vielen Restaurants besuchen oder sich ein Konzert im Konservatorium anhören.

6 Insider-Tipps

Hősök tere

Die Helden Ungarns treffen.

Széchenyi Bath & Spa

Sommers wie winters im warmen Freibad schwimmen.

Terror Háza Múzeum

Sich ein Bild vom kommunistischen Ungarn machen.

Menza

In einer Kulisse aus den 1970er-Jahren gut speisen.

Sugar!

Farbenfrohes Gebäck probieren.

Ékezet galéria

Exklusive Ringe als Zeichen der Liebe entwerfen.

- ● **Sehenswürdigkeiten**
- ● **Shoppen**
- ● **Essen & Trinken**
- ● **100% there**

Sehenswürdigkeiten

(1) Der **Hősök tere**, wörtlich Heldenplatz, ist ein weitläufiger Platz, der vom Verkehr umflossen wird. Beherrscht wird er vom 1896 errichteten Millenniums-denkmal, mit dem der Besiedlung Ungarns durch die Magyaren 1000 Jahre zuvor gedacht wird. In der Mitte steht der Erzengel Gabriel, beidseitig flankiert von Kolonnaden mit heldenhaften Statuen ungarischer Staatsmänner und Herrscher. In der Mitte des Platzes befindet sich das Grab von Imre Nagy. Er war während des Aufstandes von 1956 Premierminister und wurde 1989 hier beigesetzt.
hősök tere, u-bahn: m1 hősök tere

(2) In der **Műcsarnok**, der Kunsthalle, können Sie Wechselausstellungen von zeitgenössischen Künstlern und zu aktuellen Themen besuchen. Es gibt auch ein schönes Café (im Sommer mit Terrasse) sowie einen großen Buchladen.
dózsa györgy út 37, www.mucsarnok.hu, telefon: 1 4607000, geöffnet: di-mi & fr-so 10.00-18.00, do 12.00-20.00, eintritt: 1800 huf, u-bahn: m1 hősök tere

(4) Sowohl das Stadtwäldchen als auch die **Burg Vajdahunyad** sind 1896 aus Anlass der Millenniumsfeierlichkeiten entstanden. Die Burganlage ist ein Mischmasch nachgebauter ungarischer Burgen unterschiedlicher Stile wie Barock und Gotik mit einem Innenhof im Renaissancestil. Von Juli bis Mitte August finden hier Konzerte statt. Heute beherbergt die Burg ein Landwirt-schaftsmuseum und dient als Kulisse für das jährliche Belga Sörfesztivál.
városliget, www.vajdahunyad.hu, telefon: 1 3634201, geöffnet: park täglich rund um die uhr, eintritt: park und innenhof frei, museum 1100 huf, konzerte wechselnd, u-bahn: m1 hősök tere

(10) Das **Museum der Schönen Künste** (Szépművészeti Múzeum) ist der internationale kleine Bruder der Nationalgalerie im Burgpalast. Die Sonder-ausstellungen haben ein sehr hohes Niveau, und auch die Dauerausstellung ist einen Besuch wert. Sie finden hier Werke aus allen Epochen wie Gemälde von Bruegel und Tintoretto sowie ägyptische Kunst.
dózsa györgy út 41, www.szepmuveszeti.hu, telefon: 1 4697100, geöffnet: di-so 10.00-18.00 (kasse bis 17.00), eintritt: 1800 huf (dauerausstellung), u-bahn: m1 hősök tere

(33)

(15)

(10)

(12) Der Platz **Kodály Körönd** mit den prachtvollen Gebäuden ist absolut sehenswert. *Körönd* bedeutet "Zirkus" und erinnert an sein Vorbild, den Picadilly Circus in London. Den Namen des Komponisten Zoltán Kodály, der 40 Jahre lang im restaurierten Eckhaus (Hausnummer 1) wohnte, trägt der Platz erst seit 1971. Davor hieß er auch schon Adolf Hitler tér oder nur Körönd. Die vier Statuen stellen Ungarn dar, die sich im Krieg gegen die Osmanen im 16. Jahrhundert um ihr Land verdient gemacht haben.
kodály körönd, u-bahn: m1 kodály körönd

(14) Das **Liszt-Ferenc-Museum** befindet sich im Haus des Komponisten Franz Liszt, der hier von 1881 bis zu seinem Tod 1886 wohnte. (*Ferenc* heißt auf Deutsch Franz, und die Ungarn vertauschen Vor- und Nachnamen.) Gezeigt werden das Schlafzimmer, einige seiner Klaviere, Flügel und Aufzeichnungen von Kompositionen. Samstags kann man um 11 Uhr ein Konzert junger Pianisten und Studenten des Franz-Liszt-Konservatoriums erleben.
vörösmarty utca 35, www.lisztmuseum.hu, telefon: 1 3229804, geöffnet: mo-fr 10.00-18.00, sa 9.00-17.00, eintritt: 1300 huf, u-bahn: m1 vörösmarty utca

(15) Im breiten, modernen Dachgesims des **Terror Háza Múzeum** (Haus des Terrors) ist das Wort "Terror" zu lesen, und schon deshalb ist es kaum zu übersehen. Sowohl die Pfeilkreuzler des Naziregimes im Zweiten Weltkrieg wie die Kommunisten in den 50 Jahren danach hatten hier ihre Geheimpolizei untergebracht. Die Andrássy út 60 war damals die gefürchtetste Adresse der Stadt. Das Museum dokumentiert eindringlich den Terror von links und rechts und den Aufstand von 1956. Beklemmend ist der Aufzug mit Videobildern eines Folterknechtes, der in den ehemaligen Folterkeller führt.
andrássy út 60, www.terrorhaza.hu, telefon: 1 3742600, geöffnet: di-so 10.00-18.00, eintritt: 2000 huf, u-bahn: m1 oktogon

(20) Im Haus von Manó Mai, Hoffotograf der Habsburger, in dem auch sein Fotostudio untergebracht war, befindet sich heute das Fotomuseum **Mai Manó Ház**, in dem tolle Sonderausstellungen zu sehen sind. Im hauseigenen Buchladen können Sie Nachdrucke von Fotos berühmter ungarischer Fotografen erwerben. Im Erdgeschoss liegt auch ein nettes Café.
nagymező utca 20, www.maimano.hu, telefon: 1 4732666, geöffnet: mo-fr 14.00-19.00, sa-so 11.00-19.00, eintritt: 1500 huf, u-bahn: m1 opera

㉗ Die **Ungarische Staatsoper** wurde von Ferenc Erkel gegründet, dem Komponisten der ungarischen Nationalhymne. Neben Opernaufführungen können Sie hier auch Ballettvorstellungen besuchen. Tagsüber lohnt eine Führung durch das Neorenaissancegebäude. Besuchen Sie eine Vorstellung und genießen Sie in der Pause den Blick von der Terrasse auf die Andrássy út. *andrássy út 22, www.opera.hu, telefon: 1 8147100, geöffnet: täglich 10.30-18.00 und während vorstellungen, programm und preise: siehe website, u-bahn: m1 opera*

�33 Das Jugendstilhaus, in dem einst das Ernst Museum angesiedelt war, ist seit 2013 die Heimat des kürzlich gegründeten Robert Capa Contemporary Photography Center. Der als Endre Friedmann in Budapest geborene Robert Capa war ein Kriegsfotograf mit ungarischen und amerikanischen Wurzeln. Weltruhm erlangte er mit seinen Fotoreportagen über den Spanischen Bürgerkrieg und den Zweiten Weltkrieg. Außerdem war Capa einer der Gründer der Bildagentur Magnum. Das **Capa Center**, in dem außer Fotoausstellungen auch Workshops stattfinden, will junge ungarische Fotografen fördern. *nagymező utca 8, www.capacenter.hu, telefon: 1 4131310, geöffnet: täglich 11.00-19.00, eintritt: 1500 huf, u-bahn: m1 opera*

Essen & Trinken

⑥ Das **Pántlika**, ein tolles Café mit einfacher Küche, befindet sich in einem Pavillon, in dem sozialistische Propagandaschriften publiziert wurden. Die auffällige Form des Gebäudes stellt von oben gesehen einen roten Stern dar. Hier können Sie sich nach einem Parkspaziergang herrlich entspannen und einen *traubisoda* (Traubensaftschorle) bestellen. Auf der Speisekarte finden Sie 15 verschiedene Hamburger und einfache ungarische Gerichte.
városliget (gegenüber der hermina út 47), www.pantlika.hu, telefon: 1 2222949, geöffnet: mo-do 12.00-23.00, fr-so 12.00-0.00, preis: 1800 huf, u-bahn: m1 széchenyi fürdő

⑨ Am Rand des Sees Városligeti tó liegt das Restaurant **Robinson**, das auf Stegen errichtet wurde. Im Winter ist das Wasser wärmer als die Luft, und die Enten baden im dampfenden Thermalwasser. Robinson ist bei Geschäftsleuten beliebt, daher gibt es an Werktagen auch ein attraktives "Business-Lunch- Menü". Von der Karte ist das Angussteak zu empfehlen.
városligeti tó, www.robinsonrestaurant.hu, telefon: 1 4220222, geöffnet: täglich 11.00-17.00 & 18.00-23.00, preis: 5000 huf, u-bahn: m1 hősök tere

⑬ Die Philosophie des **Ecocafe** ist mit folgenden Begriffen zu fassen: bio, organisch und fairer Handel. Wer bio-organische Croissants oder Gebäck, Sandwiches, Getreide oder einen leckeren Salat mag, ist hier goldrichtig. Sind Sie auf Diät oder haben Sie eine Milchzuckerintoleranz? Dann fragen Sie nach laktosefreier Milch oder Sojamilch zu Ihrem Kaffee.
andrássy út 68, www.ecocafe.hu, geöffnet: mo-sa 7.00-20.00, so 8.00-20.00, preis: kaffee mit kuchen 1000 huf, u-bahn: m1 vörösmarty utca

⑯ Wie der Name bereits sagt, macht **La Delizia Kekszmanufaktúra** alle seine Kekse selbst und zudem ohne Konservierungsmittel. Ob *csokivánság* (Schokokekse), Lavendelkekse oder Makronen mit Salzkaramell: Köstlich schmecken sie alle. In der Bistro-Ecke im Zwischengeschoss, die mit Lavendelbüschen und weißen Tischen und Stühlen ausgestattet ist, wähnt man sich in der Provence. Geschenkidee: schöne Dose voller Kekse mit einem personifizierten Etikett. Haltbar sind die meisten Kekse etwa sechs Wochen.
jókai utca 13, www.ladelizia.hu, telefon: 30 4112875, geöffnet: mo-sa 10.00-20.00, preis: kaffee mit kuchen 1000 huf, u-bahn: m1

⑰ Der Inhaber von **The Big Fish** betreibt auch den größten Fischhandel der Stadt und beliefert diverse schicke Restaurants. Nirgendwo sonst in Budapest findet man eine derartige Auswahl an frischem Seefisch und Meeresfrüchten. Etwas befremdlich ist die Tatsache, dass man seine Bestellung an der Theke aufgeben und dort auch bezahlen muss – wie in einem Fast-Food-Restaurant. Zum Glück wird einem das Essen aber gebracht. Vorsicht bei den Preisen, denn die gelten per 100 Gramm. Wer keine Experimente mag, der kann mit Klassikern wie *fish 'n chips*, Paella oder je nach Saison auch Muscheln mit Pommes nichts falsch machen.

andrássy út 44, telefon: 1 2690693, geöffnet: täglich 12.00-22.00, preis: fish 'n' chips 1890 huf, u-bahn: m1, straßenbahn: 4, 6 oktogon

(18) Das Restaurant **Klassz** hat zwei Nachteile: Man kann nicht reservieren und es ist oft voll. Warum erwähnen wir es dennoch? Weil das Essen gut ist, weil hervorragende ungarische Weine und *pálinka* angeboten werden und weil die Suppe am Tisch aus kleinen Kesseln serviert wird. Es lohnt sich, eine Wartezeit an der Bar in Kauf zu nehmen, bis ein Tisch frei wird.
andrássy út 41, www.klasszetterem.hu, telefon: 1 2251702, geöffnet: täglich 11.30-23.00, preis: 3000 huf, u-bahn: m1 oktogon

(19) Im hinteren Bereich der Buchhandlung Alexandra führt eine Rolltreppe in den ersten Stock zum **Book Café** in der imposanten, 1910 fertiggestellten Lotz-Halle. Die Wände sind mit Spiegeln versehen und an der Decke befinden sich Fresken von Károly Lotz. Hier trinken die Budapester gern ihren Kaffee und schmökern währenddessen in Zeitungen oder Büchern. Ursprünglich hieß das Haus mit seiner prachtvollen Jugendstilfassade Parisi Nagyáruház – es war das erste schicke Kaufhaus der Stadt.
andrássy út 39, telefon: 1 4615830, geöffnet: täglich 10.00-22.00, preis: kaffee mit kuchen 1000 huf, u-bahn: m1 oktogon

(21) Ein Schwein am Eingang, gedeckte Tische an der Decke, nackte Frauen mit Froschköpfen auf der Treppe, Eulen hoch über einem: Bei **Instant** ist das völlig normal. In diesem Ruinencafé, das sich über zwei Wohnblocks erstreckt, treten regelmäßig Bands und DJs auf. Es gibt sechs Bars und drei Tanzflächen. Auf der Karte stehen zwar auch belegte Brötchen und Nachos, doch eigentlich kommt man für mindestens einen Drink hierher.
nagymező utca 38, www.instant.co.hu, telefon: 1 3110704, geöffnet: täglich 16.00-3.00, preis: halber liter bier 500 huf, u-bahn: m1 opera

(24) Ein Restaurant, eine Bar, ein kleiner Konzertsaal: Das alles ist **Most**. Neben ungarischen Gerichten stehen auf der Speisekarte auch indische, thailändische und mexikanische Klassiker, ja sogar vegetarische und extra scharfe Speisen. Auf der Rückseite des Hauses befindet sich eine riesige Sommerterrasse, die auch über die Straße Ó utca zugänglich ist. Im Winter dient die Fläche als Parkplatz. Das Besondere: Zum Auftakt der Sommersaison wird die Wand zur Terrasse aufgerissen und Ende September zum Ausklang wieder zugemauert.
zichy jenő utca 17, www.mostjelen.hu, telefon: 70 2483322, geöffnet: di-sa 10.00-4.00, so-mo 10.00-2.00, preis: 2000 huf, u-bahn: m3 arany jános utca

THE BIG FISH ⑰

㉚ Jahrelang galt das **Lou Lou** in Budapest als Trendsetter in puncto gehobene Küche. Die Bankenkrise und langwierige Straßenarbeiten führten 2009 allerdings zur Schließung des beliebten Lokals. Im November 2013 startete der Inhaber des alten Lou Lou einen neuen Versuch, wiederum mit dem Anspruch, den lang ersehnten Michelin-Stern zu ergattern. Das Essen ist himmlisch und wird vom Chefkoch Attila Nagy, der bei dem berühmten Koch Gordon Ramsay gelernt hat, zubereitet. Das Drei-Gänge-Mittagsmenü ist ebenfalls äußerst empfehlenswert.

székely mihály utca 2, www.lou-lou.hu, telefon: 70 3335289, geöffnet: mo-fr 12.00-15.00 & 18.30-23.00, sa 18.30-23.00, preis: 4700 huf, degustationsmenü 16.900 huf, u-bahn: m1 opera

(31) Eine Farbexplosion, vor allem in Weiß und Rosa, erlebt man, wenn man die Konditorei **Sugar!** betritt. Ein Muss für Schleckermäuler. Links ist ein Süßigkeitenladen und rechts stehen die Vitrinen mit buntem Gebäck. Im Obergeschoss gibt es zwar Sitzplätze, aber man kann den Kuchen auch mitnehmen.
paulay ede utca 48, www.sugarshop.hu, telefon: 1 3216672, geöffnet: mo 12.00-22.00, di-so 10.30-22.00, preis: kaffee mit kuchen 1000 huf, u-bahn: m1 opera

(32) Das Restaurant **Két Szerecsen** verströmt das Ambiente eines französischen Bistros. Eigentlich schmecken alle Gerichte, aber das Schokoladensoufflé ist ein echtes Highlight. Bei schönem Wetter kann man auf der großen Terrasse sitzen und an einer hausgemachten Limo mit Minze und Basilikum mit *crushed ice* nippen. Auch für Frühstücksfans ist das Lokal ein Muss. Reservierung wird empfohlen.
nagymező utca 14, www.ketszerecsen.com, telefon: 1 3431984, geöffnet: mo-fr 8.00-0.00, sa-so 9.00-0.00, preis: 2800 huf, u-bahn: m1 opera

(34) Das **Café Zsivágó** hat eine Einrichtung, die an das Russland der Zarenzeit erinnert. Natürlich gibt es Wodka und regelmäßig spielt ein Pianist.
paulay ede utca 55, telefon: 30 2128125, geöffnet: mo-fr 10.00-0.00, sa 12.00-0.00, so 14.00-22.00, preis: getränk 500 huf, u-bahn: m1 opera

(36) Wer in dem sehr beliebten Restaurant **Menza** speisen möchte, sollte unbedingt einen Tisch reservieren. Die Küche ist klassisch-ungarisch, die Einrichtung wie in den 1970er-Jahren und das Preis-Leistungs-Verhältnis ausgezeichnet. An den Wochentagen gibt es ein köstliches Mittagsmenü für 1090 HUF. Wundern Sie sich nicht über das stilvolle Outfit des Personals, denn der Inhaber ist auch derjenige, der der Kleider- und Schuhmarke Tisza neues Leben eingehaucht hat.
liszt ferenc tér, www.menzaetterem.hu, telefon: 1 4131482, geöffnet: täglich 10.00-0.00, preis: 2500 huf, u-bahn: m1 oktogon

Shoppen

㉒ Haben Sie schon mal Handtaschen gesehen, die wie ein Bügeleisen, ein Gürteltier oder eine Schreibmaschine aussehen? Wenn nicht, sollten Sie bei der Designerin Rita Szilas vorbeischauen. In ihrem Laden **La Masni** verkauft sie außerdem selbst entworfene, ausgefallene Kleider und T-Shirts.
hajós utca 26/a, www.szilasrita.hu, telefon: 30 9515005, geöffnet: mo-fr 12.00-18.00, u-bahn: m1 opera

㉓ Die Designerinnen Rita, Dóra und Szilvi betreiben den winzigen Schmuckladen **Ékezet galéria** (Accent-Galerie), der auch als Atelier dient. Sie bieten zudem Workshops an, zum Beispiel einen, in dem man Ringe entwerfen kann (Tageskurs). Wer Lust dazu hat, sollte sich drei Tage vorher bei der Galerie melden, um einen Termin zu vereinbaren und die Materialien zu besprechen.
hajós utca 41, www.ekezetgaleria.hu, telefon: 20 5601361, geöffnet: mo-mi & fr 11.00-17.00, do 11.00-19.00, preis: workshop (1 tag) 15.000 huf p. p., kupfer ist kostenlos, andere metalle pro gramm, u-bahn: m1 opera

㉕ In Ungarn ist Náray ein gefeierter Designer für bunte Luxuskleidung. Sein Geschäft **Náray Tamás** mag wegen der Atmosphäre und der Preise abschrecken, aber dank fachkundigem Personal wird der Einkauf zum Vergnügen.
hajós utca 17, www.naraytamas.hu, telefon: 1 2662473, geöffnet: mo-fr 11.00-19.00, u-bahn: m1 opera

㉖ Anikó Németh ist die Designerin hinter der Modemarke **Manier**. Dieses Geschäft zeigt ihre aktuellen Modelle, die immer ein wenig anders und beinahe märchenhaft sind. Auch ihre Handtaschen sind ein Hingucker.
hajós utca 12, www.manier.hu, telefon: 1 3541878, geöffnet: mo-sa 11.00-19.00, u-bahn: m1 opera

㉘ Neugierig, wo die Budapester Hautevolee sich einkleidet? Dann sollten Sie unbedingt das Kaufhaus **Il Bacio di Stile** aufsuchen, auch wenn Sie selbst nichts kaufen wollen. Wundern Sie sich beim Windowshopping nicht über den Duft, der Sie umweht, denn durch Gitter im Gehsteig strömt Parfüm. In der Bar im Erdgeschoss oder in der Skybar ganz oben können Sie etwas trinken.
andrássy út 19, www.ilbaciodistile.com, telefon: 1 2111000, geöffnet: täglich 10.00-20.00, u-bahn: m1 opera

ÉKEZET GALÉRIA ㉓

⒌ Eva Vass, die Frau hinter **Vasseva**, ist eine vielseitige Designerin. Sie entwirft Schmuck, Kuscheltiere und Kleidung für Jung und Alt, aber auch Filmkostüme. Ungarische und internationale Schauspieler wurden von ihr eingekleidet, wie man auf den Fotos im Laden sehen kann.

paulay ede utca 67, vasseva.com, telefon: 1 3428159, geöffnet: mo-fr 12.00-20.00, sa-so nach voranmeldung, u-bahn: m1 oktogon

100% there

(3) Im Sommer tummeln sich auf dem **See im Stadtwäldchen** (Városligeti Műjégpálya) Ruderboote, zwischen November und März Eisläufer.
olof palme sétány 5, www.mujegpalya.hu, telefon: 1 3640013, öffnungszeiten und preise: siehe website, u-bahn: m1 hősök tere

(5) Im **Petőfi Csarnok**, einer verfallenen Halle aus den 1970er-Jahren, werden alte Flugzeuge ausgestellt, Hardrock-Konzerte gegeben, und jeden Samstag findet ein Flohmarkt statt.
zichy mihály utca 14, bolhapiac.com, telefon: 20 9333979, geöffnet: flohmarkt sa-so 8.00-14.00, eintritt: 150 huf, u-bahn: m1 széchenyi fürdő

(7) Die Thermalbäder von **Széchenyi Bath & Spa** ziehen Publikum in Scharen an. Die Anlage ist nicht nur zum Entspannen da, sondern auch für Partys. Im Sommer finden samstagnachts im Freibad coole "spartys" statt.
állatkerti körút 11, www.szechenyibath.com, www.bathsbudapest.com/buda-pest-bath-parties, telefon: 1 3633210, geöffnet: täglich 8.00-22.00, spartys juni-sept. sa 22.00-3.00, eintritt: ab 3800 huf, spartys siehe website, u-bahn: m1 széchenyi fürdő

(8) Neben den Tieren ist der **Budapester Zoo** (Budapesti Állatkert) auch wegen der schönen Jugendstilarchitektur zum Beispiel des Elefantenhauses oder dem Palmenhaus einen Besuch wert.
állatkerti körút 6-12, www.zoobudapest.com, telefon: 1 2734900, geöffnet: täglich im sommer 9.00-19.00, im winter 9.00-16.00, eintritt: 2500 huf, u-bahn: m1 széchenyi fürdő

(11) Im frei zugänglichen **Asiatischen Garten** des Sövény Aladár Teaház können Sie Zen-Atmosphäre schnuppern. Trinken Sie auf der Terrasse einen Vietnam- oder Laos-Tee oder im Sommer auch einen Eistee, der hier in diversen Varianten angeboten wird. Das Teehaus gehört zum Zelnik István Southeast Asian Gold Museum, in dem die Privatsammlung eines einstigen Diplomaten zu sehen ist – überwiegend goldene Kunstobjekte aus Südostasien.
andrássy út 110, www.thegoldmuseum.eu, telefon: 1 4823190, geöffnet: tee-haus täglich 11.00-19.00, im sommer fr-sa bis 21.00 (museum mo geschlossen), eintritt: garten und teehaus frei, museum 3400 huf, u-bahn: m1 bajza utca

ASIATISCHER GARTEN ⑪

㉙ Ein Teil des großes Platzes **Erzsébet tér** wurde erst vor Kurzem erneuert. So entstand unterirdisch und neben dem beliebten Club Akvárium ein neuer Konzertsaal mit 1500 Plätzen. Auch das Design Center erhielt ein Facelifting. Jeden zweiten Sonntag findet der Designmarkt WAMP statt, auf dem junge Designer ihre Produkte anbieten. Informationen finden Sie auf der Website. *erzsébet tér, www.wamp.hu, www.akvariumklub.hu, u-bahn: m1, m2, m3 deák ferenc tér*

㊲ Am Franz-Liszt-Platz (Liszt Ferenc tér) befindet sich das nach dem Komponisten benannte **Konservatorium**. In diesem schön renovierten Jugendstilgebäude gibt es zwei Säle, in denen regelmäßig Konzerte stattfinden. *liszt ferenc tér 8, www.lfze.hu, telefon: 1 4624600, programm und preise: siehe website, straßenbahn: 4, 6 király utca*

Andrássy út & Stadtwäldchen

SPAZIERGANG 4 (ca. 6,5 km)

Vom Heldenplatz (Hősök tere) (1) auf die Kunsthalle Műcsarnok zugehen (2). Im Winter wartet an der Olof Palme sétány eine Eisbahn (3), im Sommer steht hier Rudern auf dem Programm. Die Brücke überqueren und dann nach rechts abbiegen. Über den Innenhof der Burg Vajdahunyad (4) gehen und rechts durch den Park zur Petőfihalle, wo samstag- und sonntagmorgens ein großer Flohmarkt (5) stattfindet. Die Városligeti kőrút zum Pántlika nehmen, um einen Kaffee zu trinken (6). Auch wenn Sie nicht baden möchten, lohnt die Besichtigung der Eingangshalle (7) des Széchenyi-Heilbades. Über den Zoo (8) und das Restaurant am See (9) gelangen Sie wieder zum Heldenplatz. Rechts liegt das Museum der Schönen Künste (10). Der Andrássy út folgen und einen Tee im Asiatischen Garten (11) trinken. Weitergehen und den Kodály Köröndt (12) besichtigen. Gönnen Sie sich ein Gebäck bei Nummer 68 (13) und besuchen Sie das Franz-Liszt-Haus (14). Einen beeindruckenden Einblick in das kommunistische Ungarn erhalten Sie im Terror Háza (15). Der Andrássy út bis zum Jókai tér folgen und rechts abbiegen, um köstliche Kekse zu kosten (16). Zurück auf der Andrássy út kommen Sie an diversen Lokalen vorbei (17) (18) (19). Rechts in die Nagymező utca einbiegen, um ein Fotomuseum (20) und eine beliebte Ruinenbar (21) zu besuchen. Danach erst links in die Zichy Jenő utca und dann rechts in die Hajós utca für Taschen und Schmuck (22) (23) spazieren. Wenden und im Most (24) eine Verschnaufpause einlegen. In der Hajós utca gibt es Haute Couture ungarischer Modedesigner (25) (26). An der Oper (27) vorbei wieder rechts in die Andrássy út gehen, in der ein Luxuskaufhaus (28) wartet. Dem Boulevard bis zum großen Elisabethplatz (29) folgen. Zurückgehen und dann die parallel verlaufende Paulay Ede utca nehmen und rechts in die Székely Mihály utca einbiegen (30). Zurück zur Paulay Ede utca, um bei Sugar! (31) bunte Köstlichkeiten zu kosten. Links in der Nagymező utca können Sie etwas Leckeres kaufen (32) oder rechts das Robert Capa Center (33) besuchen. Wieder zurück in die Paulay Ede utca. Trinken Sie Kaffee im Café Zsivágó (34). Etwas weiter kleiden sich Filmstars ein (35). Zum Abschluss des Spaziergangs können Sie bei Menza (36) etwas essen und ein Konzert im Franz-Liszt-Konservatorium (37) besuchen.

6 Insider-Tipps

Bálna

Sich von einem gläsernen Wal verschlucken lassen.

Holocaust-Museum

Mehr über die Juden und Roma im Zweiten Weltkrieg erfahren.

Ludwig-Museum

Moderne Kunst erleben.

TRAP

Geheimcodes knacken, um nach Hause gehen zu können.

Rengeteg

Im Waisenhaus für Teddybärenkinder etwas trinken.

Costes

Sich von Köstlichkeiten überraschen lassen.

 Sehenswürdigkeiten   Essen & Trinken

 Shoppen   100% there

5

Schulkinder aus dem Buch als Skulpturengruppe verewigt, nahe dem Ort, an dem sich die Geschichte abgespielt haben soll.

Ruf und Geschichte des Viertels Ferencváros sind ähnlich, aber es ist jünger als Józsefváros. In der Franzstadt wurden Ende des 19. Jahrhunderts Arbeiterhäuser gebaut, und noch heute ist es das Arbeiterviertel der Stadt. Wenn Sie vom Flughafen zum Zentrum fahren, kommen Sie unterwegs durch dieses Viertel mit den trostlosen Häuserzeilen. Näher am Zentrum steht das auffällige Gebäude des Museums für Angewandte Kunst.

In Ferencváros wurde in den letzten Jahren viel Geld in die Stadtentwicklung gesteckt. An der Donau entstanden Blocks mit Wohnungen und Büros, und es gibt einen Kunstpalast mit Konzertsälen und dem Ludwig-Museum für Moderne Kunst. Jenseits der Szabadság híd (Freiheitsbrücke) befindet sich ein neuer Blickfang: Bálna, ein modernes gläsernes Bauwerk, das – wie der Name schon sagt – einem Wal ähnelt. In der Ráday utca, unweit der Corvinus-Universität, findet man viele Galerien, nette Läden und kleine Restaurants.

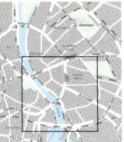

Józsefváros & Ferencváros

Aufstrebende Stadtteile

Józsefváros und Ferencváros galten lange als die berüchtigsten Gegenden im Zentrum von Budapest, aber das ist jetzt Vergangenheit. In den letzten zehn Jahren wurde viel renoviert und heute sind diese Viertel sehr beliebt, vor allem bei Jüngeren.

Józsefváros oder Josefstadt war in den 1920er- und 1930er-Jahren als ungarisches Chicago bekannt. Einerseits standen hier stattliche Gebäude wie das Nationalmuseum, andererseits gab es Prostitution und Kriminalität. Der Boulevard Múzeum körút, an dem Universitätsgebäude, Museum und Buchläden liegen, wurde in den letzten Jahren renoviert, genau wie das Viertel daneben. Verfallene Häuser wurden restauriert und Straßen instand gesetzt. Es entstand ein Einkaufszentrum und es siedelten sich Galerien und Läden an.

Das Viertel ist der Schauplatz eines der bekanntesten ungarischen Bücher: *Die Jungen der Paulstraße* von Ferenc Molnár. Vor einigen Jahren wurden die

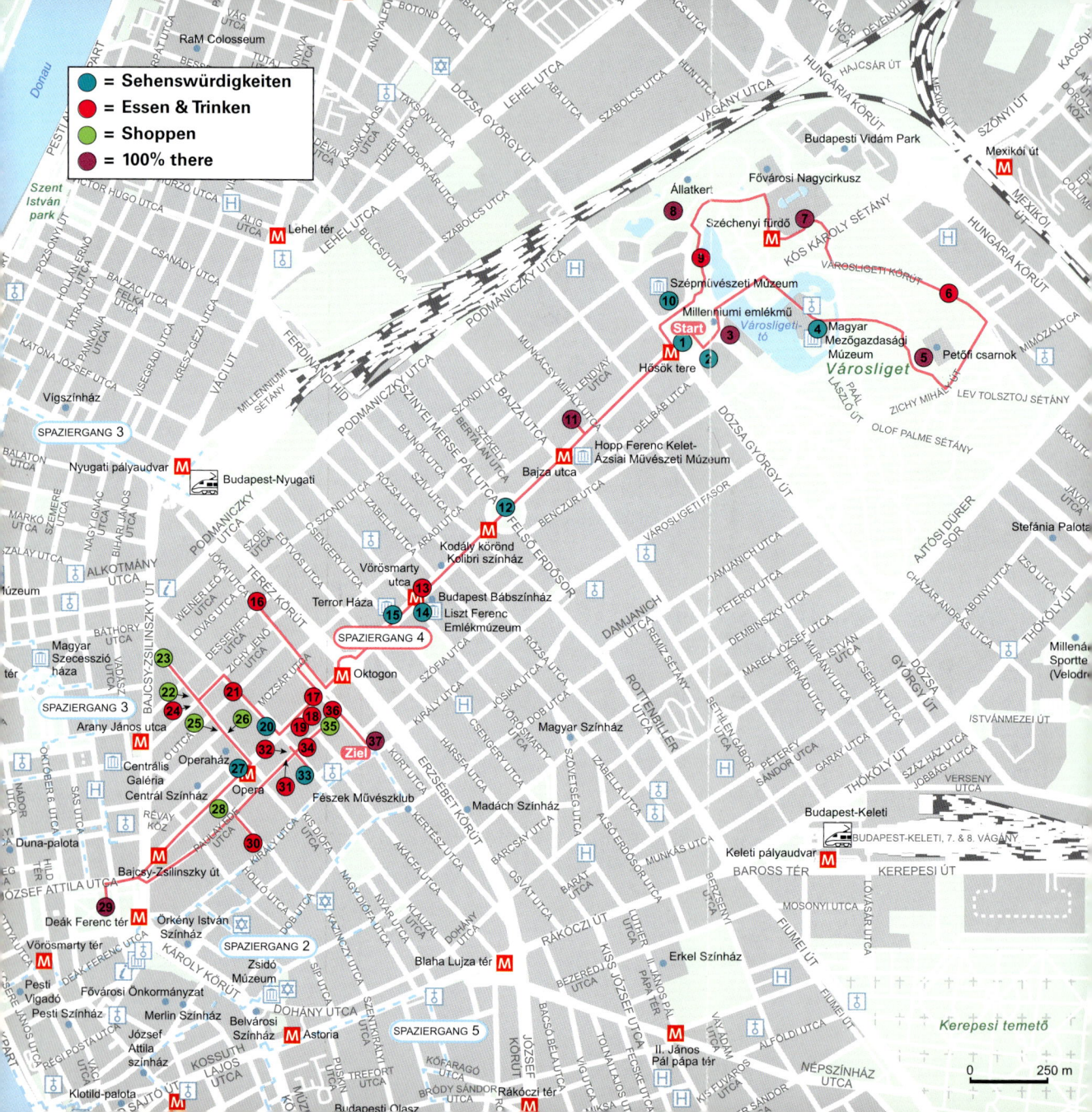

Sehenswürdigkeiten

(1) Das moderne Gebäude an der Donau sieht nicht nur aus wie ein Wal, es wird auch so genannt: **Bálna**. Der gläserne Wal strandete zwischen zwei Lagerhäusern aus dem 19. Jahrhundert und wurde vom niederländischen Architekten Kas Oosterhuis entworfen. Bálna soll Budapests neues Wahrzeichen und weltberühmt werden wie die Oper in Sydney oder das Centre Pompidou in Paris. Der Wal beherbergt eine Kunstgalerie, Antiquitätenläden, einen Bioladen und diverse Cafés. Auch wenn noch einiges leer steht, lohnt es sich, einen Blick in das Innere des Wals zu werfen.
fővám tér 11-12, balnabudapest.hu, geöffnet: täglich 10.00-22.00, eintritt: frei, straßenbahn: 2, u-bahn: m4 fővám tér

(7) Auf den Treppen des **Ungarischen Nationalmuseums** (Magyar Nemzeti Múzeum) rezitierte der Dichter Sándor Petőfi sein "Nationallied". Dies war der Beginn der Revolution gegen die Habsburger im Jahr 1848. Das Museum erzählt chronologisch die Geschichte Ungarns.
múzeum körút 14-16, www.hnm.hu, telefon: 1 3382122, geöffnet: di-so 10.00-18.00, eintritt: 1600 huf, u-bahn: m2 astoria

(16) An der Fassade der **Kapelle Szent Rókus**, einer kleinen Barockkirche aus dem Jahr 1711, verweist ein Pfeil auf den höchsten Stand der Donau, der hier jemals erreicht wurde. Die große Überschwemmung von 1838 zerstörte einen Großteil der Pester Altstadt, die danach einer kompletten Neugestaltung unterworfen wurde und prächtige Boulevards und Paläste erhielt.
gyulai pál utca 2, u-bahn: m2 blaha lujza tér

(23) Das Dach des **Museums für Angewandte Kunst** (Iparművészeti Múzeum) fällt sofort auf. Es ist mit grünen und gelben Dachziegeln von Zsolnay gedeckt. Über Zsolnay, aber auch über andere angewandte Kunst erfahren Sie mehr in diesem Museum. Schauen Sie am Eingang nach oben zum Portal.
üllői út 33-37, www.imm.hu, telefon: 1 4565100, geöffnet: di-so 10.00-18.00, eintritt: 1000-2000 huf (je nach ausstellung), u-bahn: m3 corvin-negyed

26 Die Skulpturengruppe **Die Jungen von der Paulstraße** bezieht sich auf ein Buch von Ferenc Molnár. Darin wird das Viertel so beschrieben, wie es Anfang des 20. Jahrhunderts war: arm, aber reich an Brachflächen, auf denen die Schulkinder spielen konnten. Die eigentliche Paulstraße (Pál utca) liegt am anderen Ende der József körút.

práter utca 11, u-bahn: m3 corvin-negyed

(27) Das **Holocaust-Museum** (Holokauszt Emlékközpont) wurde rund um die Synagoge gebaut, die hier in den 1920er-Jahren errichtet wurde. In der Dauerausstellung werden die Besucher auf eindringliche Weise mit der Geschichte und Verfolgung ungarischer Juden und Roma während des Zweiten Weltkriegs konfrontiert. Die Ausstellung endet in der Synagoge, in der über die Hälfte der Bänke aus Plexiglas besteht – als Gedenken an die, die nie zurückkehrten.
páva utca 39, www.hdke.hu, telefon: 1 4553333, geöffnet: di-so 10.00-18.00, eintritt: 1400 huf, u-bahn: m3 corvin-negyed

(33) Ungarn schwören auf Unicum. Der Kräuterbitter in der typischen schwarzen Bauchflasche ist nicht nur ein beliebter Schnaps, sondern gilt auch als Wundermittel gegen allerlei Beschwerden. Erkältet? Dann rät der Ungar zu einem Glas Unicum. Das Getränk stammt vom Hersteller Zwack. Im **Zwack-Museum** wird die Geschichte des Familienunternehmens dargestellt, und natürlich erfahren Sie alles über die diversen Wirkungen von Unicum.
soroksári út 26 (eingang an der dandár utca), www.zwack.hu, telefon: 1 4762383, geöffnet: mo-fr 10.00-17.00, eintritt: 1800 huf, straßenbahn: 2 haller utca

(34) Das sehenswerte neue Nationaltheater wurde 2002 eröffnet und hat einen sehr besonderen **Skulpturengarten** mit einem außergewöhnlichen Zugang: einem Tor, das wie ein sich öffnender Vorhang wirkt. Dahinter sind ungarische Schauspieler in Stein verewigt. Im See des Gartens liegt eine Fassade mit griechischen Säulen. Sie ist der Nachbau der Fassade des Vorgängerbaus, der abgerissen wurde. Hinter dem Theater befinden sich zudem ein Labyrinth und ein spiralförmiger Turm, den man bis ganz oben besteigen kann.
bajor gizi park 1, www.nemzetiszinhaz.hu, eintritt: frei, straßenbahn: 2 millenniumi kulturális központ

(36) Die Donauseite des Kunstpalastes gehört dem Museum für Moderne Kunst, dem **Ludwig-Museum**. Die Dauerausstellung enthält Werke, unter anderem von Andy Warhol, die aus der Sammlung des Ehepaars Ludwig stammen. Die Führung auf Englisch, die auch die Sonderausstellung(en) umfasst, ist empfehlenswert.
komor marcell utca 1, www.lumu.hu, telefon: 1 5553444, geöffnet: di 10.00-20.00, mi-so 10.00-18.00, eintritt: 800-1300 huf (je nach ausstellung), führung: frei, straßenbahn: 2 millenniumi kulturális központ

Essen & Trinken

(2) Erstklassigen Kaffee bekommen Sie bei **Tamp & Pull**. Der Name und das Logo beziehen sich beide auf Aktivitäten aus der Barista-Welt: Mit "tamp" wird das Andrücken des Kaffeepulvers mit einem Stampfer ("tamper") bezeichnet, mit "pull" das Durchlaufen des Espressos bei bestimmtem Druck und in gewisser Zeit. Eyecatcher: eine Espressomaschine aus Glas – das Werk des Inhabers Attila, der als Barista zahlreiche internationale Preise gewann.
czuczor utca 3, www.tamppull.hu, telefon: 30 6683197, geöffnet: mo-fr 7.00-19.00, sa-so 11.00-18.00, preis: espresso 395 huf, straßenbahn: 2, u-bahn: m4 fővám tér

(3) **The Butter Brothers** ist ein empfehlenswerter Bäcker, bei dem Sie köstliche Croissants, Kuchen und Brot aus eigener Herstellung kaufen oder kosten können. An einer Tafel steht, welches Brot gerade im Angebot ist. Unbedingt probieren: Nusscroissants, *chokis csiga* (Schokoschnecke) oder Kuchen mit *turo* (ungarischem Hüttenkäse). Und dazu eiskalten *jegeskavé* (Milchkaffee).
lónyay utca 22, www.butter-brothers.com, telefon: 30 3566226, geöffnet: mo-fr 7.00-19.00, sa 8.00-13.00, preis: croissant 220 huf, u-bahn: m3, m4 kálvin tér

(4) Die Speisekarte des gemütlichen **Soul Café & Restaurant** ist so umfangreich, dass die Auswahl schwerfällt. Die Küche ist mediterran mit ungarischem Einschlag. Es gibt Pasta- und Käsegerichte, aber auch ungarische Eintöpfe und viele Fleisch- und Fischgerichte. Beachten Sie auch das Tagesmenü, das auf dem Etikett der Weinflasche auf dem Tisch steht.
ráday utca 11-13, www.soulcafe.hu, telefon: 1 2176986, geöffnet: täglich 12.00-1.00, preis: 3000 huf, u-bahn: m3 kálvin tér

(6) **Costes** ist eines der besten Restaurants von Budapest. 2010 erhielt es als erstes Restaurant Ungarns einen Michelin-Stern. In dem stilvoll eingerichteten Restaurant kann man à la carte tafeln oder eines der Menüs wählen. Bei den Menüs kann man zu jedem Gang den passenden Wein mitbestellen. Da das Restaurant sich schon länger mit Umzugsplänen befasst, empfiehlt es sich, erst auf der Website nachzuschauen, ob die Adresse noch stimmt.
ráday utca 4, www.costes.hu, telefon: 1 2190696, geöffnet: mi-so 18.30-0.00, preis: 10.000 huf, u-bahn: m3, m4 kálvin tér

THE BUTTER BROTHERS ③

⑨ Beim Betreten des Cafés **Csendes Létterem** wird man sofort von der außergewöhnlichen Einrichtung überwältigt. "*Csendes*" bedeutet zwar "ruhig", aber das gilt nun wirklich nicht für das Interieur. Nachmittags mag es im Lokal gemächlich zugehen, abends jedoch ist viel los. Regelmäßig legen DJs auf oder es wird Livemusik gespielt. Gleich um die Ecke betreibt das Café im Sommer eine Freiluftweinbar, Csendes Tars, mit einer tollen Terrasse am Eingang des kleinen Parks Karólyi kert.

ferenczy istván utca 5, www.csend.es, telefon: 30 7272100, geöffnet: mo-fr 10.00-2.00, sa 14.00-2.00, so 14.00-0.00, preis: halber liter bier 490 huf, u-bahn: m2 astoria

⑰ Im Restaurant **Fülemüle** hängen die Wände voll mit Fotos, die Familie, Freunde und Gäste beigesteuert haben. Die Küche serviert ungarische und jüdische Gerichte, die Spezialität des Hauses sind geräucherte Wurstwaren. Tipp: eines der jüdischen Gerichte probieren.
kőfaragó utca 5, www.fulemule.hu, telefon: 70 3053000, geöffnet: so-do 12.00-22.00, fr-sa 12.00-23.00, preis: 3000 huf, u-bahn: m2 blaha lujza tér

㉑ Das russische Restaurant **Matrjoska** bietet nicht nur die seltene Gelegenheit, russische Gerichte und Getränke zu probieren, sondern hält auch eine interessante Wodka-Auswahl bereit. In dem gemütlichen, modern eingerichteten Lokal werden auch französische und mediterrane Speisen serviert.
lőrinc pap tér 3, telefon: 1 7968496, geöffnet: mo-fr 12.00-0.00, preis: 2200 huf, straßenbahn: 4, 6 baross utca

㉔ Die Eröffnung von **Cserpes Tejivó** hat sich als genialer Schachzug der Molkerei Cserpes erwiesen. Die hippe Milchbar spricht nicht nur ein junges Publikum an, sondern lässt auch eine alte Tradition wiederaufleben. Denn früher war es in Budapest Usus, in einer *tejivó* zu frühstücken. Außer köstlichen Joghurts und Milkshakes sind auch Brötchen mit Wurst vom Mangalica-Wollschwein die großen Renner.

corvin köz, www.cserpestejivo.hu, geöffnet: mo-sa 7.30-22.00, so 9.00-20.00, preis: milkshake 580 huf, u-bahn: m3 corvin-negyed

㉘ Wer die Treppe zum gemütlichen Kellercafé **Rengeteg** hinabsteigt, ahnt nicht, in welche Wunderwelt er sich da begibt. Der Inhaber und ehemalige Mathelehrer Tibor serviert seinen Gästen leckeren Tee (aus einer Auswahl von mehr als 100 Sorten), Kaffee und hat immer Zeit für ein Schwätzchen. Das Lokal ist bis zur Decke mit altem Spielzeug und Antikem angefüllt und auf jedem Tisch steht irgendetwas Witziges. Übrigens dient das Rengeteg auch als Waisenhaus – für Teddybärenkinder.

tűzoltó utca 22, telefon: 20 3210229, geöffnet: täglich 10.00-22.00, preis: tee 400 huf, u-bahn: m3 corvin-negyed

㉙ Neben dem Rengeteg liegt die beliebte Bierkneipe **Élesztő** ("Hefe"). Hier hat man die Qual der Wahl, denn es gibt 22 verschiedene Fassbiere von Kleinbrauereien – 18 aus Ungarn, vier aus England. Probieren Sie zum Beispiel ein Dühös, aber lassen Sie sich Ihre Laune nicht verderben, "*dühös*" bedeutet nämlich "Wut".

tűzoltó utca 22, telefon: 70 2335052, geöffnet: täglich 15.00-3.00, preis: halber liter bier ab 450 huf, u-bahn: m3 corvin-negyed

㉛ Von außen sieht es nicht sehr einladend aus, aber das **Jedermann** ist ein gemütliches Café im Gebäude des Goethe-Instituts. Hier gibt es ausgezeichneten Kaffee, gute Speisen und sogar Jazzkonzerte, die Küche hat von 8 Uhr bis Mitternacht geöffnet. Bei schönem Wetter sitzt man gemütlich in dem kleinen Innenhof.

ráday utca 58, jedermann.hu, telefon: 30 4063617, geöffnet: täglich 8.00-1.00, preis: 1000 huf, straßenbahn: 4, 6 mester utca

Shoppen

(5) Die Modeschöpferin Dora Abodi hat ihr Sortiment gehörig erweitert. In ihrem Laden **ONE Fashion** (ehemals Showroom R9, der Name steht nach wie vor auf dem Schaufenster) findet man neben Kleidern und Accessoires aus eigener Herstellung auch Kreationen von 15 Kolleginnen und Kollegen – alles bekannte ungarische Namen wie Doridea, Mark Laufer, Gion und Es-tu un Ange. Erstklassige Mode made in Hungary.
ráday utca 9, www.onefashionbudapest.com, telefon: 20 3783795, geöffnet: mo-fr 10.00-18.00, sa 10.00-14.00, u-bahn: m3, m4 kálvin tér

(8) Ein Neonlicht mit Eule zeigt den Weg zum **Központi Antikvárium**, einem Antiquariat, das hier bereits seit 1885 ansässig ist. Neben den vielen ungarischen Titeln gibt es eine gut sortierte Abteilung mit englisch- und deutschsprachigen Büchern zum Beispiel über Kunst und Werbung. Bisweilen sind im Schaufenster Retro-Werbeplakate ausgestellt, die nicht nur schön, sondern auch ziemlich kostspielig sind.
múzeum körút 13-15, www.kozpontiantikvarium.hu, telefon: 1 3173514, geöffnet: mo-fr 10.00-18.00, sa 10.00-14.00, u-bahn: m2 astoria

(11) Im **Lollipop Factory** gibt es zwar keine Süßigkeiten, aber bunte Streetwear und Partykleidung von jungen Modedesignern. Neben limitierten Kollektionen werden auch Unikate von zum Beispiel Acid'n Zorro, Feelinkita oder Chobopop angeboten. Außerdem werden monatlich wechselnd grafische Arbeiten von Künstlern gezeigt.
magyar utca 18, www.lollipopfactorybudapest.com, geöffnet: mo-fr 11.00-19.30, sa 12.00-17.00, u-bahn: m2 astoria

(12) **Colorbar** ist ein Designer- und Grafiker-Kollektiv, das Poster und Filme herstellt. Im kleinen Trödelladen Colorbar Bolt liegt der Schwerpunkt auf den 1960er- und 1970er-Jahren. Außerdem gibt es moderne Designerstücke aus recyceltem Material. Die Leute von Colorbar sind auch als Innenarchitekten tätig, was man dem Laden ansieht.
magyar utca 22, www.colorbarbolt.hu, telefon: 20 2190400, geöffnet: mo-fr 10.00-18.30, sa 12.00-16.00, u-bahn: m2 astoria

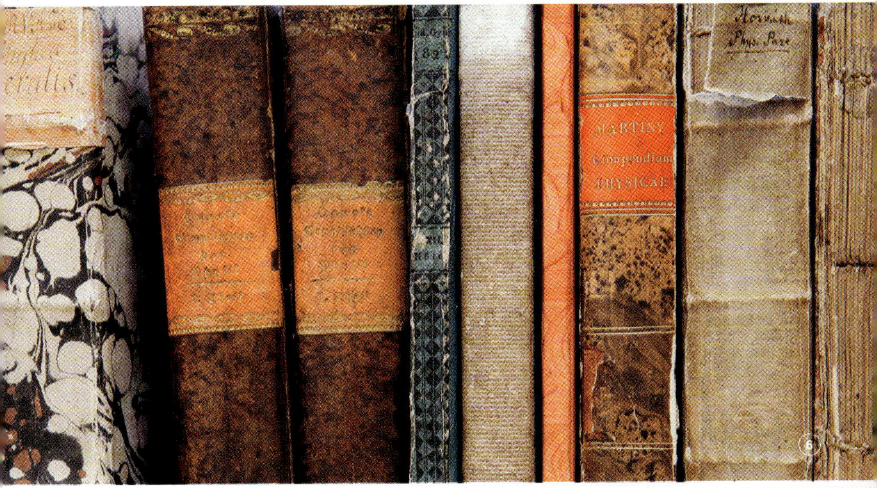
MARTINY
Compendium
PHYSICAE
6

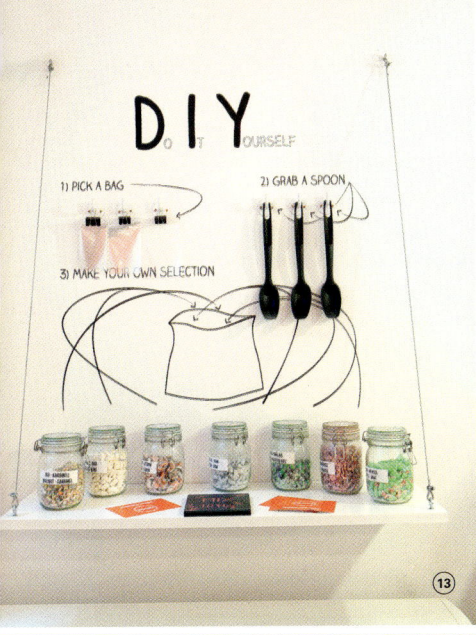

D I Y
Do It Yourself
1) PICK A BAG
2) GRAB A SPOON
3) MAKE YOUR OWN SELECTION
13

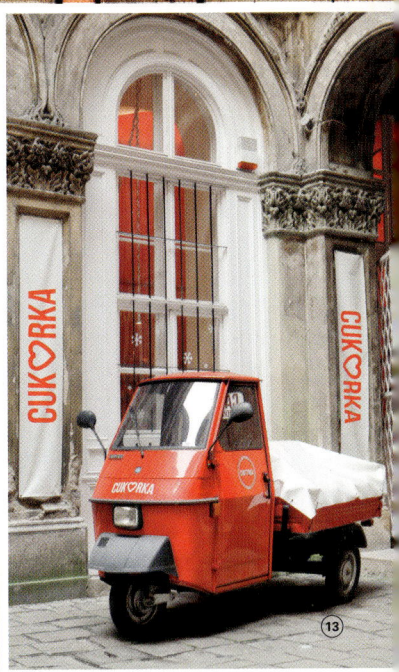

CUKORKA
CUKORKA
CUKORKA
13

⑬ Bei **Cukorka** werden Süßigkeiten hergestellt und verkauft. Die Spezialität: harte Zuckerstangen in diversen Farben und Geschmacksrichtungen. Um die Mittagszeit kann man den Herstellern sogar über die Schulter schauen. Achtung: Der Laden liegt in einem Innenhof eines Gebäudes zwischen der Magyar utca und der Múzeum körút. Nach Ladenschluss und sonntags werden die Tore zum Innenhof abgesperrt. Dann müssen Sie außen herumgehen, um den Spaziergang zu verfolgen.

magyar utca 10/múzeum körút 7, www.cukorka.com, telefon: 30 9406181, geöffnet: mo-fr 10.00-19.00, sa 10.00-15.00, u-bahn: m2 astoria

⑭ Bei **Tisza** gibt es die angeblich besten Souvenirs von Budapest: die ungarischen Sportschuhe, die in der kommunistischen Zeit im ganzen Ostblock getragen wurden. Seit einigen Jahren ist die Schuhmarke Tisza bei der ungarischen Jugend wieder in. Die Modellauswahl ist groß. Es gibt auch Taschen und T-Shirts mit dem Tisza-Logo.

károly körút 1, www.tiszacipo.hu, telefon: 1 2663055, geöffnet: mo-fr 10.00-19.00, sa 9.00-13.00, u-bahn: m2 astoria

⑲ Suchen Sie Vintage-Cowboystiefel oder Doc Martens? Dann gehen Sie zu **Iguana Retro**. Hier finden Sie sorgfältig ausgewählte, hippe Secondhandkleidung, außerdem CDs, LPs, alte Helme und Mützen.

krúdy gyula utca 9, www.iguanaretro.hu, telefon: 1 3171627, geöffnet: mo-fr 10.00-18.00, sa 10.00-14.00, u-bahn: m3 kálvin tér

㉒ Fast jedes Spielzeug bei **Fakopáncs Fajáték** ist aus Holz. Puppenhäuser, Spielzeugläden, Schwerter und Schilde, Puzzles und Gartengeräte für Kinder. Bei ungarischen Kindern sind die kleinen Autos mit Rutschbahn und die Schiebetiere mit Stock sehr beliebt.

baross utca 46, fakopancs.hu, telefon: 1 3370992, geöffnet: mo-fr 10.00-18.00, sa 9.00-13.00, straßenbahn: 4, 6 baross utca

㉜ **Bazáruház** ist ein von oben bis unten vollgestopfter Antik- und Trödelladen. Links stehen alte Spielzeugautos, auf der anderen Seite Glas, und rechts finden Sie größere Gegenstände wie Tische, Stühle und Schränke. Gut möglich, dass die anderen Besucher nur Nachbarn sind, die auf ein Gespräch vorbeikommen.

mester utca 37 ecke dandár utca, telefon: 1 2161379, geöffnet: mo-fr 10.00-18.00, straßenbahn: 21 bokréta utca

TISZA (14)

100% there

(10) Im eleganten Park **Károlyi kert** lässt es sich gut entspannen. Allerdings ist es nicht leicht, den Park zu finden, sogar vielen Budapestern ist er kein Begriff. Erst seit 1932 ist der Park öffentlich zugänglich, davor gehörte er fast zwei Jahrhunderte lang zum Palast der Adelsfamilie Károlyi. Apropos Palast: Der beherbergt heute das Petöfi-Literaturmuseum.
haupteingang magyar utca ecke ferenczy istván utca, geöffnet: täglich 7.00-sonnenuntergang, u-bahn: m2 astoria

(15) Das Filmtheater **Uránia** gehört zum staatlichen Nationaltheater und befindet sich in einem prachtvollen Gebäude, das im venezianischen und maurischen Stil erbaut wurde. Sogar in den Kinosälen findet man die reich verzierten Bogendecken. Setzen Sie sich doch in das Café in der ersten Etage, um die Architektur in aller Ruhe zu genießen. Im Filmtheater finden regelmäßig Filmfestivals statt und seit Kurzem werden Live-Mitschnitte von Opern aus der Met in New York gezeigt.
rákóczi út 21, www.urania-nf.hu, telefon: 1 4863400, geöffnet: täglich 10.00-22.30, u-bahn: m2 astoria

(18) Die **A.P.A.** oder Ateliers Pro Arts, wie der Name vollständig lautet, sind Galerie und Atelier in einem. Im Atelier im Innenhof arbeiten viele Künstler, denen man auf Anfrage bei der Arbeit zusehen kann. Im Erdgeschoss befindet sich das Restaurant Almárium, das für 1850 HUF ein ganz hervorragendes Drei-Gänge-Menü anbietet.
horánszky utca 5, ateliers.hu, almariumbisztro.hu, telefon: 1 4862378, geöffnet: mo-fr 12.00-18.00, straßenbahn: 4, 6 gutenberg tér

(20) Lust auf spannende Zerstreuung? Dann ist Team Race Against Puzzles, kurz **TRAP**, etwas für Sie. Dabei handelt es sich um ein Spiel für zwei bis fünf Personen. Ziel ist es, aus einem Zimmer zu fliehen, in das man eingesperrt wurde. Der Gruppe stehen Hilfsmittel zur Verfügung, um Codes zu knacken, Rätsel zu lösen und wieder in Freiheit zu gelangen. Wenn nach einer Stunde keine Lösung gefunden wurde, öffnet sich die Tür von selbst. Das Personal verfolgt Ihre Aktivitäten und darf Tipps geben. Anmeldung auf der Website.
maría utca 19, www.trap.hu, telefon: 30 7091262, geöffnet: täglich 11.00-21.30, preis: 12.000 huf pro gruppe, straßenbahn: 4, 6 baross utca

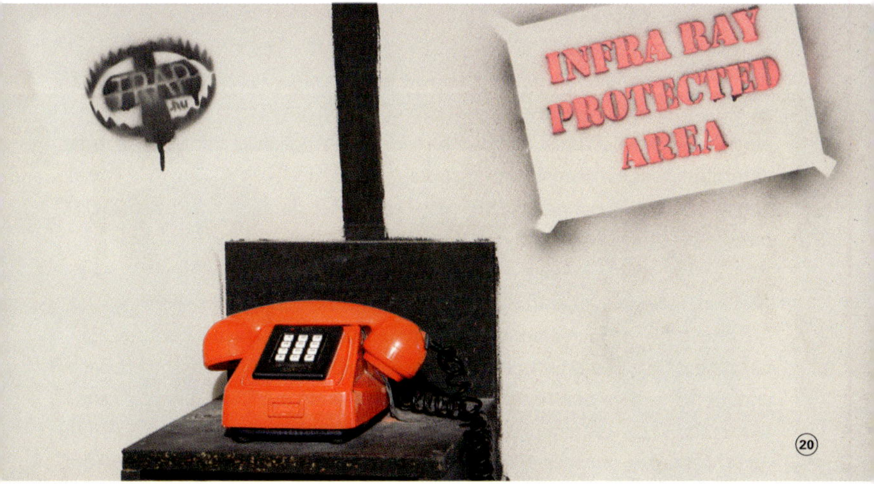
INFRA RAY
PROTECTED
AREA

20

APA CUKA

18

18

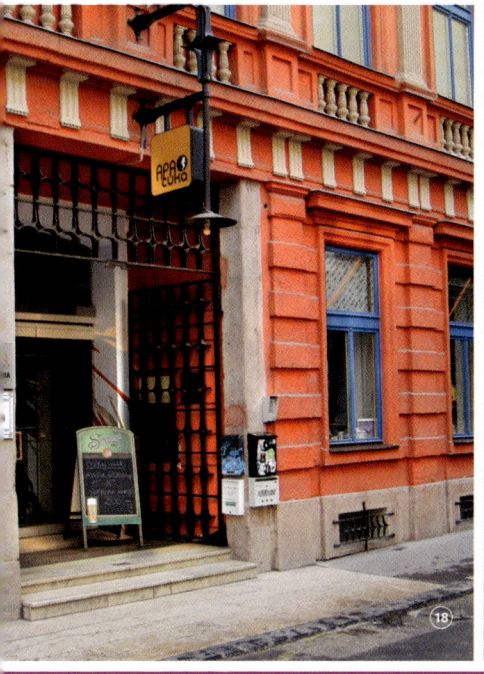

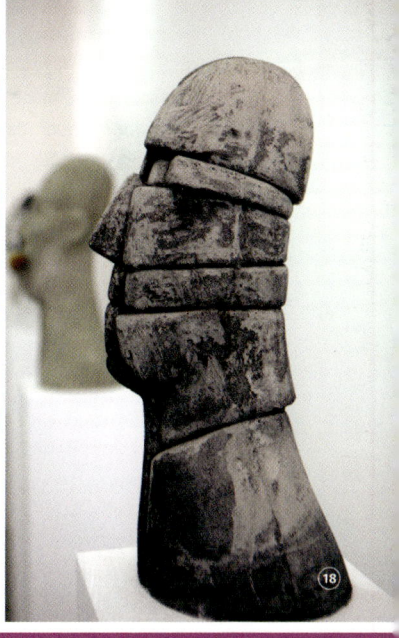

Józsefváros & Ferencváros

S P A Z I E R G A N G   5 (ca. 10 km)

Lassen Sie sich von einem gläsernen Wal verschlucken (1). Dann die Közraktár utca überqueren und neben der Corvinus-Universität die Czuczor utca nehmen (2) und dann links in die Lónyay utca (3) einbiegen. Rechts in die Mátyás utca und links in die Ráday utca gehen, in der Restaurants und Mode (4) (5) (6) warten. Zum Kálvin tér gehen und in die Múzeum körút einbiegen, am National-museum (7) mit der Statue des Dichters Petőfi im Garten vorbei. Die Múzeum körút überqueren (8). Links die Ferenczy István utca (9) nehmen, um im Park zu entspannen (10). In der Magyar utca finden Sie nette Läden (11) (12). Bei Haus-nummer 10 in den Innenhof gehen, um Zuckerstangen zu kaufen (13). Den Innen-hof über die Múzeum körút verlassen und links abbiegen. (Nach Ladenschluss und sonntags ist das Tor geschlossen, dann muss man außen herumgehen). Richtung Károly körút spazieren und Schuhe (14) erstehen. Um die Ecke der Rákóczi út folgen und am Ende die Straße überqueren (15) (16). Rechts der Gyulai Pál utca bis zur Kőfaragó utca folgen, wo Fülemüle (17) wartet. Über die Vas utca und Bródy Sándor utca erreichen Sie die Horánszky utca (18) und rechts die Krúdy Gyula utca (19). An der Kirche links in die Mária utca einbiegen, um Rätsel zu lösen (20). Zurück Richtung Lőrinc pap tér (21) gehen. Der Mária utca, am Spiel-zeugladen (22) vorbei, bis zur Üllői út folgen. Diese Richtung Museum mit dem bunten Dach (23) überqueren. An der großen Kreuzung links halten, um in die Corvin köz (24) (25) zu gelangen. Links am Kino vorbeigehen, Richtung Skulpturen-gruppe (26) gehen. Über die Kisfaludy utca kehren Sie zur Üllői ut zurück. Dort nach links, dann über die Straße und recht in die Páva utca abbiegen (27). Rechts in die Tüzoltó utca abbiegen (28) (29) (30). Der Straße bis zum Ende folgen, links in die Ferenc körút abbiegen. Vor der Brücke rechts in der Ráday utca etwas trinken (31). Zurück zur Ferenc körút und in die erste rechts (Mester utca). In der Straße rechts die Dandár utca nehmen (32). Bis zur Soroksári ut gehen, in der sich links das Zwack-Museum (33) befindet. Links abbiegen, die Soroksári út überqueren und etwa 100 m gehen, bis rechts ein Durchgang zur Donau kommt. Durch den Skulpturengarten (34) Richtung Kunstpalast (35) spazieren, der auch das Ludwig-Museum (36) beherbergt.

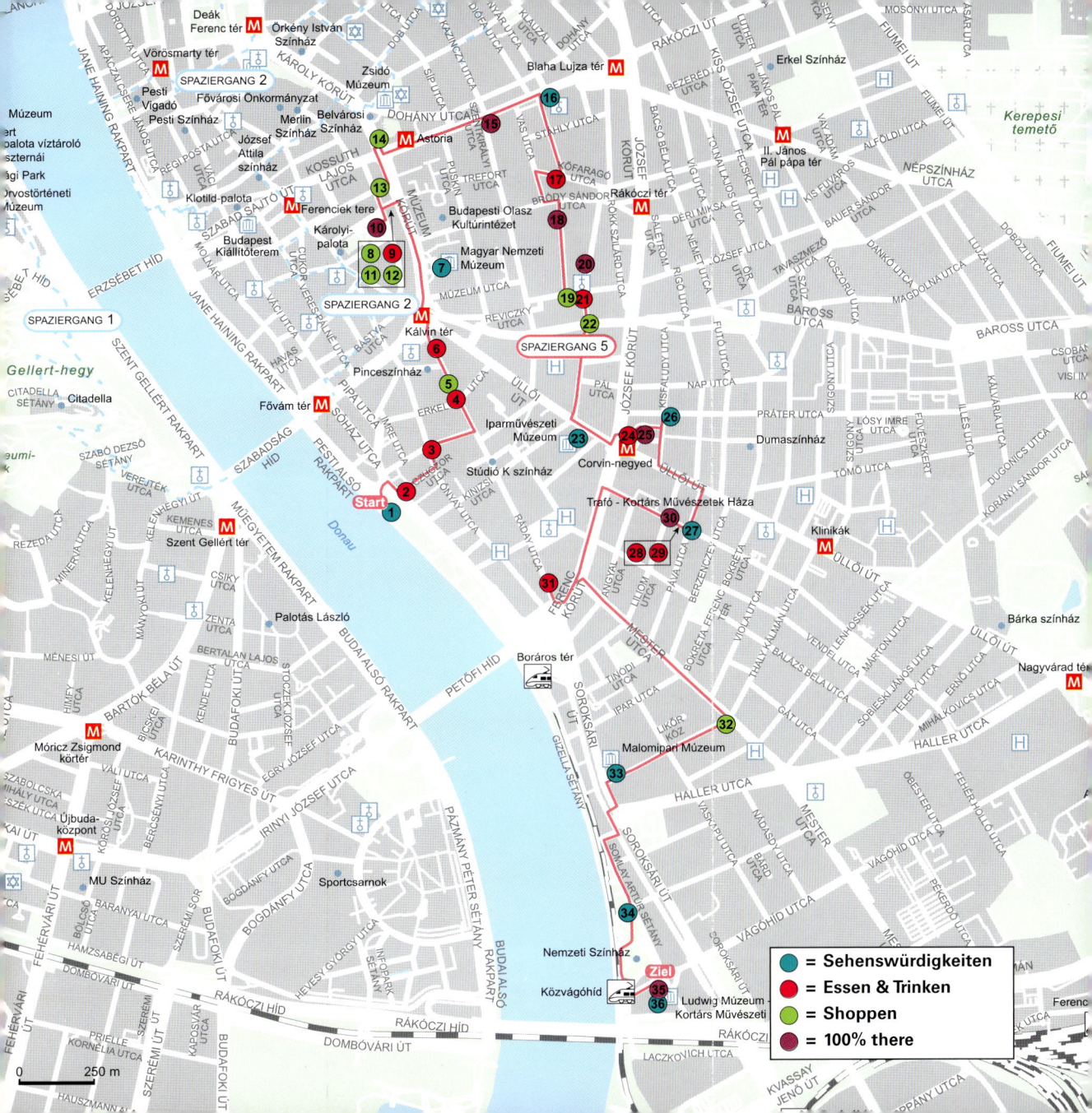

= Sehenswürdigkeiten

= Essen & Trinken

= Shoppen

= 100% there

Szentendre

Malerischer, gemütlicher Künstlerort an der Donau

Ungefähr 25 Kilometer außerhalb Budapests liegt Szentendre, ein Städtchen, in dem seit Anfang des 20. Jahrhunderts viele Künstler leben und arbeiten. Daher findet man an fast jeder Straßenecke eine Galerie, ein Museum oder ein Atelier. Klopfen Sie ruhig an und fragen Sie, ob Sie sich mal umschauen dürfen.

Der alte Ortskern von Szentendre ist gut erhalten. Die niedrigen Bauten sind typisch für ungarische Orte aus dem 18. Jahrhundert. Auch die Pastelltöne der Fassaden gibt es in vielen anderen alten Städten und Dörfern. Vom Ort aus führen schmale Gassen hinauf zu idyllisch gelegenen Kirchen, und von den Anhöhen hat man einen schönen Ausblick.

Außer für Künstler war Szentendre früher auch ein Zufluchtsort für die Serben, die im 14. Jahrhundert und erneut im 17. und 18. Jahrhundert auf der Flucht waren vor den Türken. Die Holzhäuser und -kirchen aus dem 14. Jahrhundert

6

sind Gebäuden aus Stein gewichen. Wegen der Flüchtlinge sind viele Kirchen in Szentendre serbisch-orthodox, auch wenn die meisten Serben im 19. Jahrhundert wieder nach Serbien zurückgekehrt sind.

Mitten in der Donau liegt die Szentendre-Insel. Von der Promenade aus kann man sie gut sehen. Die Insel ist unbewohnt, aber viele Leute aus Szentendre kommen hierher, um spazieren zu gehen, zu picknicken oder Sport zu treiben. In Budapest fließt die Donau von Norden nach Süden, aber in Szentendre macht der Fluss eine Biegung nach Westen. Die Orte am West- und Ostufer der Biegung werden zusammen "Donauknie" genannt. Szentendre ist der erste in dieser Reihe. Weil hier nur wenige Brücken über den Fluss führen, gibt es Fährverbindungen.

Von Budapest aus erreichen Sie Szentendre mit dem Boot oder mit der Vorortbahn (HÉV). Bitte beachten: An Sommerwochenenden kann es sehr voll werden. Versuchen Sie daher, Szentendre in der Hochsaison an den Wochenenden zu meiden.

6 Insider-Tipps

Szentendrei Képtár

Eine Galerie mit Werken
lokaler Künstler besuchen.

Café Dorothea

Auf der Terrasse oder
der Bank unter dem
Baum etwas trinken.

Pfarrkirche St. Johannes

Vom Kirchenhügel die
wunderschöne Aussicht
genießen.

Mjam

Sich vom Küchenchef Oscar
mit Köstlichkeiten aus
Curaçao verwöhnen lassen.

Hubay Ház Karácsony Kiállítás és Szalon

Ganzjährig schönen
Christbaumschmuck
kaufen.

Fähre nach Budapest

Auf der Donau zurück
nach Budapest fahren.

⬤ Sehenswürdigkeiten   ⬤ Essen & Trinken
⬤ Shoppen   ⬤ 100% there

Sehenswürdigkeiten

(2) Im **Marzipanmuseum** (Szabó Marcipán Múzeum) sind die wichtigsten Gebäude von Budapest, darunter das Parlament, aus Marzipan nachgebildet. Auch bekannte Disneyfiguren sind hier lebensgroß verewigt. Im Atelier kann man zusehen, wie die Figuren aus Marzipan hergestellt werden. Im Laden gibt es die Leckerei in allen möglichen Formen zum Mitnehmen.
dumtsa jenő utca 12, telefon: 26 311931, geöffnet: täglich mai-sept. 10.00-19.00, okt.-apr. 10.00-18.00, eintritt: 500 huf, szentendrei hév: endhaltestelle

(4) Das Werk eines der Künstler, die den Ruf Szentendres als Kunststadt begründeten, kann im kleinen Museum der **Barcsay-Sammlung** bewundert werden. Jenő Barcsay war nicht nur Künstler, sondern auch Dozent für angewandte Anatomie an der Kunstakademie Budapest. Seine Bücher über Anatomie und Zeichnen sind auch auf Deutsch erhältlich.
dumtsa jenő utca 10, telefon: 26 310244, geöffnet: mi-sa 10.00-18.00, eintritt: 600 huf, szentendrei hév: endhaltestelle

(6) Drei breite Straßen führen zum wichtigsten Platz in Szentendre, dem **Fő tér**. Im Sommer haben die Straßencafés geöffnet, aber es gibt auch schöne Antiquitätenläden, Galerien und einen Buchladen. Mitten auf dem Platz steht die mit einem Kreuz versehene Pestsäule, die aus Dankbarkeit dafür errichtet wurde, dass Szentendre von der Pestepidemie 1763 verschont blieb.
fő tér, szentendrei hév: endhaltestelle

(7) **Szentendrei Képtár** zeigt in Sonderausstellungen Werke zeitgenössischer Künstler aus Szentendre. Diese wechseln sich mit Ausstellungen von Künstlern aus der Vergangenheit der Stadt ab. In dem 1720 errichteten Gebäude wurden bei einer Restauration 1977 im Erdgeschoss barocke Fresken entdeckt.
fő tér 2-5, www.femuz.hu, telefon: 26 310244, geöffnet: di-so 10.00-18.00, eintritt: 600 huf, szentendrei hév: endhaltestelle

(8) An der Stelle der heutigen **orthodoxen Kirche Blagovesztenszka** stand bis Mitte des 18. Jahrhunderts eine serbisch-orthodoxe Holzkirche. Die interessanten Ikonen im Inneren stellen die Geschichte der Serben dar.
fő tér, telefon: 26 313649, geöffnet: di-so 10.00-17.00, eintritt: 400 huf, szentendrei hév: endhaltestelle

(9) Im **Mikrocsodák Múzeuma** sind die Kunstwerke so winzig, dass man sie nur unter einem Mikroskop würdigen kann: ein Schachbrett auf einem Fingernagel, eine ägyptische Wüstenszene im Öhr einer Nadel, ein Schwalbennest in einem halben Mohnsamen. Alles kleine Wunderwerke, viele von ihnen aus Gold hergestellt. Sie stammen allesamt von Mikola Szjadrisztij, einem Künstler aus Kiew.

fő tér 18, www.korona-etterem.hu/mikro, telefon: 30 9516121, geöffnet: täglich 9.00-18.00, eintritt: 700 huf, szentendrei hév: endhaltestelle

(13) Im **Népművészetek Háza** stehen Handwerk und Volkskunst im Mittelpunkt. Das Gebäude hat eine bewegte Vergangenheit: Es brannte 1800 fast völlig ab und wurde wiederaufgebaut. Dann war es Schule, später Wohnhaus des Schulleiters und schließlich Museum.

rákóczi ferenc utca 2, telefon: 26 310244, geöffnet: mi-so 10.00-14.00, eintritt: 600 huf, szentendrei hév: endhaltestelle

(14) Trotz der vielen serbisch-orthodoxen Einflüsse in Szentendre ist die katholische **Pfarrkirche St. Johannes** (Szent János Plébánia) die älteste Kirche des Städtchens. Sie steht auf dem Kirchhügel (Templomdomb), der eine herrliche Aussicht auf die Gassen, Dächer und Gärten von Szentendre bietet. Das Kircheninnere zieren Fresken, gemalt von örtlichen Künstlern.

templom domb, www.szentendre-plebania.hu, telefon: 26 312545, geöffnet: apr.-mitte okt. täglich 10.00-17.00, eintritt: frei, szentendrei hév: endhaltestelle

(15) Béla Czóbel war einer der Künstler der ersten Stunde in der Künstlerkolonie. Im Winter lebte und arbeitete er in Paris, im Sommer in Szentendre. 1975, ein Jahr vor seinem Tod, eröffnete er das **Czóbel-Museum**.

templom tér 1, telefon: 26 312721, geöffnet: 1. apr.-30. sept. mi-so 10.00-18.00, eintritt: 600 huf, szentendrei hév: endhaltestelle

(16) Schon von Weitem erkennt man den roten Turm der **serbisch-orthodoxen Kathedrale**, auch "Belgradkathedrale" genannt. Innen sind prachtvolle Ikonen zu sehen, außen alte Grabsteine mit kyrillischen Inschriften. Auf dem Gelände der Kirche befindet sich auch das Museum für serbische Kirchenkunst.

pátriárka utca, telefon: 26 310554, geöffnet: täglich mai-sept. 10.00-18.00, okt.-apr. 10.00-16.00, eintritt: 600 huf, szentendrei hév: endhaltestelle

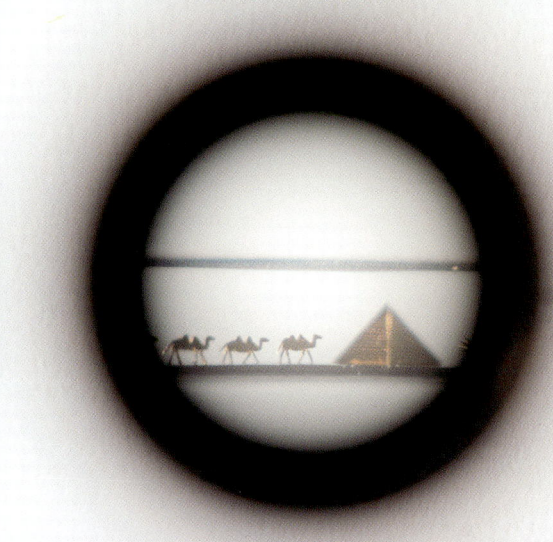

MIKROCSODÁK MÚZEUMA ⑨

(20) Im **Skulpturengarten des Kerényi-Museums** stehen die Kolossalskulpturen von Jenő Kerényi, der sich vom Jugendstil und den Römern inspirieren ließ.
ady endre utca 6b, geöffnet: täglich rund um die uhr, eintritt: frei, szentendrei hév: endhaltestelle

(24) Imre Ámos war ein jüdisch-ungarischer Künstler, der in den 1930er-Jahren mit seiner Frau Margit Anna, ebenfalls Künstlerin, regelmäßig in Paris arbeitete. Dort trafen sie Marc Chagall, der großen Einfluss auf das Werk des Ehepaars hatte. Das **Museum Imre Ámos-Margit Anna** zeigt ihre Kunstwerke. Ámos kam gegen Ende des Zweiten Weltkriegs in einem deutschen Arbeitslager ums Leben.
bogdányi utca 12, telefon: 26 310244, geöffnet: do-so 10.00-18.00, eintritt: 600 huf, szentendrei hév: endhaltestelle

(28) Eine der bekanntesten Keramikerinnen Ungarns ist Margit Kovács. Sie selbst wohnte oder arbeitete nie in Szentendre, verfügte aber zu Lebzeiten (sie starb 1977), dass hier ein Museum mit ihren Arbeiten entstehen sollte. Ihr Werk ist im **Margit-Kovács-Museum** zu sehen, Hauptthemen sind Menschen auf dem Land, biblische Figuren und Familienleben.
vastagh györgy utca 1, telefon: 26 310244, geöffnet: täglich 10.00-18.00, eintritt: 1000 huf, szentendrei hév: endhaltestelle

Essen & Trinken

① Die Konditorei **Szamos** ist in ganz Ungarn für ihr Marzipan berühmt. Es wird in Gebäck und Torten verarbeitet, und natürlich kann man es auch pur kaufen. Klassisches ungarisches Gebäck wie Eszterházy- und Dobos-Torte wird ebenfalls angeboten.
dumtsa jenő utca 14, www.szamosmarcipan.hu, telefon: 26 310545, geöffnet: täglich 9.00-19.00, preis: kaffee mit kuchen 1000 huf, szentendrei hév: endhaltestelle

⑪ Das kleine **Café Dorothea** hat eine ebenso kleine Terrasse, zu der auch die Bank unter dem Baum zählt. Hier kann man zu jeder Tageszeit drinnen und draußen schön sitzen: vormittags bei Kaffee und Kuchen (auch glutenfrei), mittags beim Essen (auch vegetarisch) und abends bei einem Glas Wein.
jankó jános utca 4, telefon: 20 5793800, geöffnet: täglich 9.00-23.00, preis: mittagessen 1500 huf, szentendrei hév: endhaltestelle

⑫ **Mjam!** Der Name des Restaurants, das erst im Herbst 2013 eröffnet hat, könnte nicht besser gewählt sein. Chefkoch Oscar Heyliger lädt seine Gäste auf eine kulinarische Reise nach Curaçao, Indonesien und Japan ein. Tipp: Wenn *halkolbász tempura*, eine Art Fischwurst im Teigmantel, auf der Speisekarte steht, müssen Sie zuschlagen! Gefällt Ihnen die stilvolle Lounge-Einrichtung? Dafür zog Oscar seine Frau Monika zurate, eine Innenarchitektin.
városház tér 2, telefon: 70 3778184, geöffnet: mo-do 8.00-22.00, fr-sa 8.00-22.30, so 10.00-22.00, preis: 2500 huf, szentendrei hév: endhaltestelle

㉗ An einem schönen Sommertag, aber auch zu allen anderen Jahreszeiten, ist es im **Café Christine** bei Tapas und Wein sehr gemütlich. Innen sitzt man in einem prächtigen Gewölbe, draußen auf einer schönen Terrasse.
görög utca 6/dunakorzó, www.cafechristine.hu, telefon: 26 950407, geöffnet: täglich 8.00-23.00, preis: 2300 huf, szentendrei hév: endhaltestelle

CAFÉ DOROTHEA ⑪

Shoppen

(3) **Ornamento** verkauft alte Designerstücke wie Jugendstilvasen und Antiquitäten. Liebhaber von modernem, vor allem ungarischem Design werden auch fündig. Schauen Sie sich zum Beispiel die Ledertaschen von Ágnes Havrán und die Filz(!)-Seifen von Judit Ducsai an.
dumtsa jenő utca 11, telefon: 30 3717386, geöffnet: di-so 10.00-18.00, szentendrei hév: endhaltestelle

(5) Auf der Fassade steht noch Fotó, was sich aber auf ein früheres Geschäft bezieht. Heute bietet der Familienbetrieb **Wood** Produkte aus Holz an, vor allem Kinderspielzeug, aber auch Obstschalen in allen Größen sowie schöne Haushaltsartikel.
dumtsa jenő utca 1, geöffnet: täglich 10.00-18.00, szentendrei hév: endhaltestelle

(10) **XD Design & Souvenirs** ist eine pfiffige, moderne Spielart eines traditionellen Souvenirladens. Es wird nur zeitgemäßes ungarisches Design angeboten, zum Beispiel ein Paprikum, mit dem man getrocknete Chilis fein mahlen kann. Unerlässlich, wenn man zu Hause mal wieder echte ungarische Gulaschsuppe zubereiten will.
fő tér 15, telefon: 1 3087927, geöffnet: täglich 10.00-18.00, szentendrei hév: endhaltestelle

(18) **Kovács Kékfestő** ist ein handwerkliches Familienunternehmen, das nach alter Tradition blaue Stoffe mit weißen Motiven herstellt. Im Laden können Sie dieses Verfahren kennenlernen und natürlich auch das fertige Produkt erwerben.
bogdányi utca 36, www.kekfestokovacs.hu, telefon: 26 314388, geöffnet: täglich 10.00-18.00, szentendrei hév: endhaltestelle

(22) Die Textildesignerin Anna Regős verkauft in ihrem Laden **Palmetta Design Gallery** Tischdecken unter demselben Namen: Palmetta. Außerdem finden Sie hier Haushaltsdesign internationaler Marken wie Alessi.
bogdányi utca 14, www.palmettadesign.hu, telefon: 26 313649, geöffnet: do-fr 10.00-17.00, sa-so 10.00-18.00, szentendrei hév: endhaltestelle

XD DESIGN & SOUVENIRS ⑩

㉓ Ein Teil der Bogdányi utca ist in fester Hand von **Touristenläden**. Fast jeder Laden hat "Werber", die Kundschaft hereinlocken sollen. Zwischen den immergleichen Souvenirs gibt es aber auch schöne und originelle Geschenke.
bogdányi utca, geöffnet: täglich 10.00-18.00, szentendrei hév: endhaltestelle

㉕ Im **Hubay Ház Karácsony Kiállítás és Szalon** ist immer Weihnachten, sogar mitten im Sommer. Das hauseigene Museum beherbergt eine Sammlung der Familie Hubay, die aus Weihnachtskarten, Krippen und Nussknackern aus zwei Jahrhunderten besteht. Im Laden wird ein riesiges Sortiment an unterschiedlichen Christbaumkugeln, Baumspitzen, Girlanden und anderem Christbaumschmuck angeboten.
bercsényi utca 1, www.hubayhaz.hu, telefon: 26 500230, geöffnet: täglich 10.00-18.00, eintritt: frei, szentendrei hév: endhaltestelle

㉖ Die **Galerie Erdész & Design** verkauft im Erdgeschoss unter anderem Schmuck, Taschen und Glaskunst. Auf der ersten Etage werden wechselnde Ausstellungen gezeigt.
bercsényi utca 4, galleryerdesz.hu, telefon: 26 317925, geöffnet: di-so 10.00-18.00, eintritt: frei, szentendrei hév: endhaltestelle

100% there

⑰ Das Kunstzentrum **MűvészetMalom** (Kunstmühle) befindet sich in einem Gebäude, das gegen Ende des 19. Jahrhunderts noch eine Sägemühle war. Danach wurde es immer wieder anders genutzt und stand dann 20 Jahre lang leer. In den 1990er-Jahren wurde es zum Museum umfunktioniert. Im sommerlichen Gedränge des Zentrums von Szentendre ist es eine Oase der Ruhe. Draußen werden regelmäßig Skulpturen ausgestellt und drinnen – auf drei Etagen – die Arbeiten lokaler und internationaler Künstler präsentiert.
bogdányi utca 32, telefon: 26 301701, geöffnet: di-so 10.00-18.00, eintritt: 1500 huf, szentendrei hév: endhaltestelle

⑲ Im Freiluftmuseum **Skanzen** können Sie neun verschiedene traditionelle Dörfer besuchen. Es gibt Volkstanz- und Handwerksvorführungen. Sonderveranstaltungen stehen an Feiertagen auf dem Programm, zum Beispiel zu Ostern, und auch zur Weinlese im September. An Ostern können Sie Eier auf traditionelle Weise bemalen, und es gibt einen Schönheitswettbewerb für Lämmer.
sztaravodai út, www.skanzen.hu, telefon: 26 502500, geöffnet: 1. apr.-31. okt. di-so 9.00-17.00, 2. nov.-15. dez. sa-so 10.00-16.00, eintritt: 1700 huf, bus: 7 ab hév-bahnhof szentendre

㉑ Die **Fähre nach Budapest** fährt vom Anleger Dunakorzó um 17 Uhr los, im Juli und August auch um 19 Uhr. Die Fahrt über die Donau ist ein einmaliges Erlebnis und dauert etwa eine Stunde. Fahrkarten erhalten Sie am Anleger. Sie können natürlich auch von Budapest aus hin und zurück mit dem Schiff fahren. Die Fähre legt um 10 Uhr vom Anleger am Vigadó tér ab (im Juli und August auch um 14 Uhr).
dunakorzó 4, www.mahartpassnave.hu, telefon: 26 300027, geöffnet: 29. apr.-28. sept. di-so 17.00, 1. juli-31. aug. di-so 17.00 & 19.00, preis: 2000 huf (einfach), 2500 huf (hin und zurück), szentendrei hév: endhaltestelle

DUNAKORZÓ ㉙

Szentendre

SPAZIERGANG 6 (ca. 5 km)

Vom Bahnhof geht es durch den Tunnel und dann in die Kossuth Lajos utca. Danach über die Brücke und schräg rechts in die Dumtsa Jenő utca (1)(2)(3)(4)(5). Der Straße bis zum Platz Fő tér folgen (6)(7)(8)(9)(10). Links in die Jankó jónos utca gehen, um einen Kaffee zu trinken (11). Dann die Gasse bis zum Ende, rechts durch die Kucsera Ferenc zum Rathaus und dort wieder rechts den Városház tér überqueren, um zu Mittag zu essen (12). Links in der Rákóczi utca gibt es Volkskunst zu sehen (13). Wenden und dann links durch die Gasse zur Várdomb utca. Dort links und dann hoch zum Kirchplatz (14). Danach am Museum (15) vorbei in die Straße mit der Schule auf der rechten Seite gehen. Am Ende links in die Alkotmány utca einbiegen. Über die Pátriárka utca gelangen Sie rechts auf den Vorplatz der orthodoxen Kirche (16). Den Platz überqueren, um in die Hunyadi utca zu kommen. Recht in die Gőzhajó utca und dieser bis zur Bogdányi utca folgen. Dort links zum Kunstzentrum (17) abbiegen. Der Szerb utca bis zum Stoffladen (18) folgen. Jetzt erreichen Sie wieder die Bogdányi utca. Links abbiegen, der Straße noch ein ganzes Stück folgen. An der Kreuzung der Dézsma utca und Apród utca sehen Sie ein Schild, das zum Freilichtmuseum (19) führt (ca. 5 km zu Fuß oder nehmen Sie den Bus – siehe Beschreibung bei Nummer 19). Zurück auf der Kreuzung führt Sie die Ady Endre út zum Skulpturenpark (20) mit Kiosk. Umdrehen und denselben Weg bis zum Platz am Dunakorzó zurückgehen, wo die Boote nach Budapest ablegen (21). Wer mit der HÉV zurückfährt, kann vorher der Bogdányi utca folgen, um zu shoppen (22)(23) und Kunst (24) zu bewundern. Bis zur Bercsény utca gehen, in der das ganze Jahr Weihnachten ist (25). Links in der Bercsény utca sind noch mehr Läden (26). Am Dunakorzó rechts abbiegen. Nach Café Christine (27) rechts in die Görög utca einbiegen und dann links in die Vastagh György utca, wo es Keramik (28) gibt. Danach zum Dunakorzó zurückkehren und rechts über die Promenade flanieren (29) und bei Hausnummer 18 einen Film ansehen (30). Möchten Sie zurück statt dem Boot lieber den Zug nehmen, geht es südwärts Richtung Brücke. Die Brücke überqueren, gleich rechts abbiegen und am Bach entlanggehen. An der nächsten Brücke links in die Kossuth Lajos utca Richtung Bahnhof abbiegen.

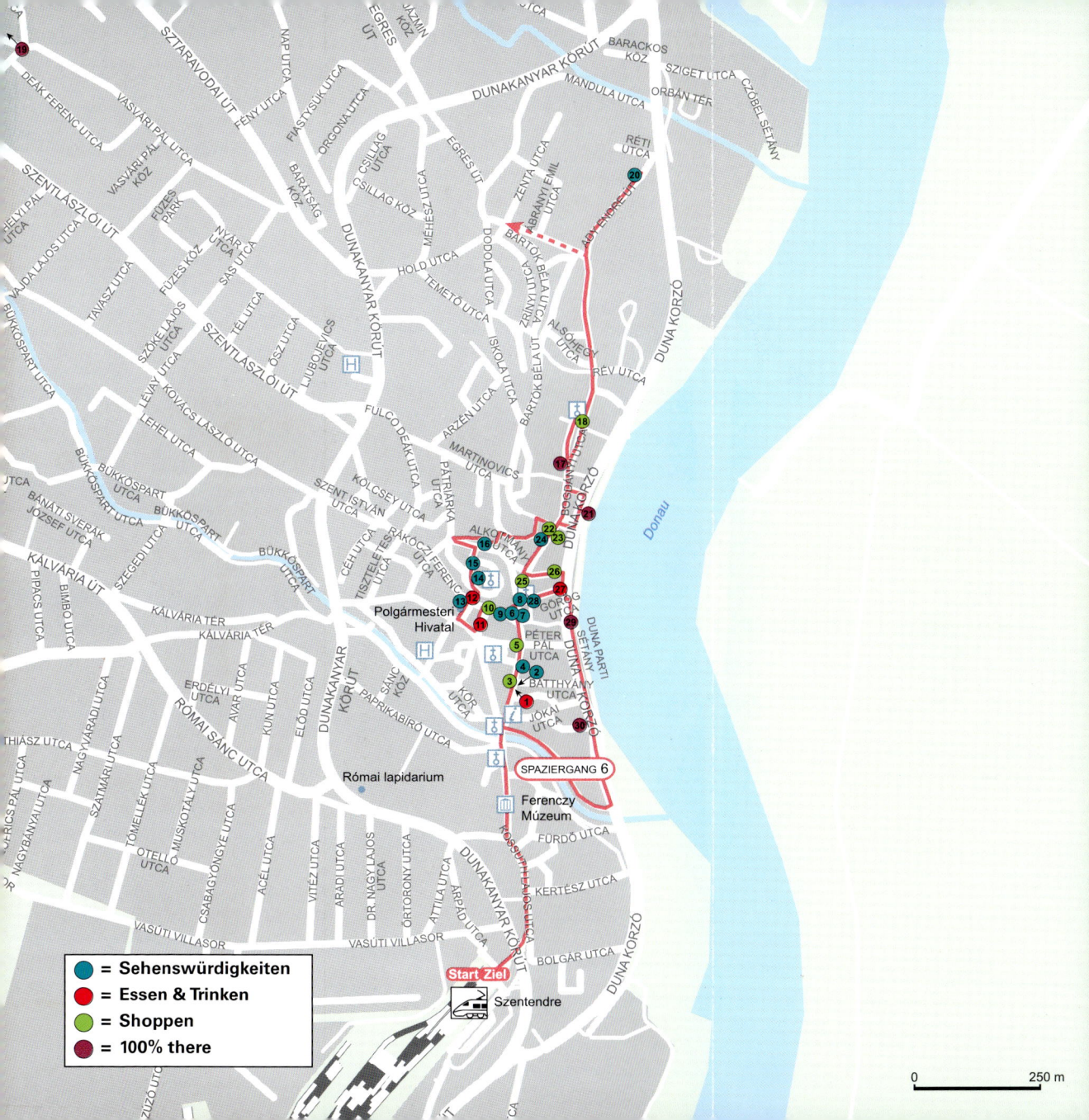

= Sehenswürdigkeiten
= Essen & Trinken
= Shoppen
= 100% there

SPAZIERGANG 6

Start Ziel
Szentendre

Polgármesteri
Hivatal

Ferenczy
Múzeum

Római lapidarium

Donau

0   250 m

Weitere Sehenswürdigkeiten

Wer der in 100% Budapest beschriebenen Route folgt, entdeckt viele Schönheiten der Stadt. Doch auch Orte abseits der Spaziergänge sind einen Besuch wert. Diese sind nachfolgend beschrieben. Manche dieser Sehenswürdigkeiten sind vom Zentrum aus etwas schwierig zu Fuß erreichbar, mit dem öffentlichen Nahverkehr ist das aber kein Problem. Die dazugehörigen Buchstaben finden Sie auf der Übersichtskarte vorn im Cityguide.

Ⓛ In den Hügeln von Buda im Westen der Stadt liegt ein beliebtes Ausflugsziel: **Normafa**. Wörtlich bedeutet Normafa "Norma-Baum", benannt nach der Oper *Norma*, weil Mitte des 19. Jahrhunderts eine Sängerin unter einer Buche eine Arie aus der Oper sang. Sie kommen mit dem Bus an einem kleinen Platz an, an dem sich die Skihütte (Síház) befindet. Hier können Sie nach dem Spaziergang etwas essen oder trinken und dabei herrlich in der Sonne sitzen. Wenn Schnee liegt, kann man hier Ski laufen, daher der Name. Besuchen Sie auch den Elisabeth-Aussichtsturm (Erzsébetkilátó). Legen Sie den Weg zu Fuß oder mit der Kindereisenbahn zurück
síház: eötvös út 59, normafa, www.normafa.hu, www.gyermekvasut.hu, telefon: 1 3596508, geöffnet: täglich 9.00-17.00, kindereisenbahn di-so 9.00-16.00, preis: síház: 500 huf, eisenbahn: huf 600 (einfach), ab széll kálmán tér bus: 21a normafa

Ⓜ Die 42 Statuen im **Memento Park** stammen aus der Zeit des Kommunismus von 1945 bis 1989. Lenin, Marx, Engels, aber auch ungarische Kommunisten ragen in Stein gehauen empor. Die Statuen waren einst über die ganze Stadt verteilt. Im "Roter Stern"-Laden können Sie Andenken kaufen: T-Shirts, Lenin-Kerzen oder eine DVD mit Schulungsfilmen für Geheimagenten. Den abgelegenen Park erreichen Sie auf drei Arten: Jeden Tag um 11 Uhr fährt am Deák Ferenc tér (Haltestelle mit dem Schild "Memento Park") ein Bus ab (hin und zurück 4500 HUF, inkl. Eintritt). Eine zweite Möglichkeit ist die Straßenbahn: mit den Linien 4, 18, 41 oder 47 nach Újbuda-központ und von dort mit dem Bus 150 Richtung Campona, Haltestelle "Memento Park". Die letzte Variante: mit der U-Bahn (Linie M4) nach Kelenföld und von dort mit dem Bus (Linie 710, 720, 721 oder 722) Richtung Diósd/Érd, Haltestelle "Memento Park".
balatóni út ecke szabadkai utca, www.mementopark.hu, telefon: 1 4247500, geöffnet: täglich 10.00-sonnenuntergang, eintritt: 1500 huf

Ⓝ Auf dem **Ecseri-Flohmarkt** stehen Reihen von Holztischen, auf denen man alles finden kann, was auf einen guten Flohmarkt gehört: antike Musikinstrumente, altes Spielzeug, Andenken aus der kommunistischen Zeit, Porzellan von Herend und Zsolnay, Autoteile, schöne und hässliche Gemälde und vieles mehr. Es gibt einzelne Buden mit seriösen Antiquitätenhändlern sowie zahlreiche Imbissstände. Sie können handeln, aber bei Touristen sind die Händler sehr hartnäckig. Die Preise sind nicht mehr so niedrig wie früher, dennoch ist etwas für jeden Geldbeutel dabei.

nagykőrösi út 156, telefon: 1 3483200, geöffnet: mo-fr 8.00-16.00, sa 8.00-15.00, so 8.00-13.00, eintritt: frei, straßenbahn: 4, 5 boraros tér und dann bus: 54 naszód utca (használtcikk piac)

Ausgehen

Budapest bietet viele Ausgehmöglichkeiten. Einige Orte finden Sie in den Spaziergängen, andere werden im Folgenden genannt. Konzerttermine stehen im englischsprachigen Magazin Funzine (an vielen Orten in der Stadt kostenlos erhältlich, im Internet unter *www.funzine.hu*). Hier stellen wir eine Auswahl aus Theatern, Clubs und sogenannten Ruinencafés oder "Gärten" vor. Oft befinden sich die Ruinencafés in verfallenen Gebäuden, und von den meisten weiß man nicht, ob es sie im nächsten Sommer noch geben wird. Die "Gärten" sind Nachtclub, Café und manchmal Freiluftkino in einem. Die Buchstaben zu den Orten befinden sich auch auf der Übersichtskarte vorn im Cityguide.

(O) Im **Budapest Jazz Club** findet fast jeden Abend ein Konzert statt. Neben ungarischen Größen kommen auch internationale Musiker gern hierher. Freitags und samstags gibt es ab 22.30 Uhr kostenlose Jamsessions. Das Café und die Kasse sind bereits morgens geöffnet.
hollán ernő utca 7, www.bjc.hu/en, telefon: 70 4139837, geöffnet: mo-sa 12.00-0.00, preis: eintritt: wechselnd, straßenbahn: 4, 6 jászai mari tér

(P) Von Ende April bis Ende September ist in den Gärten der Rudas-Thermalbäder am Buda-Ufer das **Romkert** geöffnet. Dann können Sie zum Beispiel eine erfrischende Weinschorle trinken, wie es die Ungarn gern tun.
döbrentei tér 9, www.romkert.eu, telefon: 30 3515217, geöffnet: ende apr.-ende sept. täglich 20.00-sonnenuntergang, eintritt: frei, bus: 7 rudas gyógyfürdő

(Q) Das **Corvintető** befindet sich auf dem Dach des Corvin-Warenhauses. Der Slogan lautet "Underground above the city", und im Sommer liegt dieser Underground sogar unter freiem Himmel. Es finden Konzerte, Theatervorführungen und Ausstellungen statt, aber vor allem ist es ein Club.
blaha lujza tér 1-2 (eingang somogyi béla utca), www.corvinteto.com, telefon: 20 7791066, geöffnet: mi-sa 22.00-6.00, eintritt: wechselnd, u-bahn: m2 blaha lujza tér

(R) Der Underground-Club **Akvárium Klub** ist für Konzerte, aber auch für andere Veranstaltungen und sogar Ausstellungen bekannt. Im Sommer dehnen sich die Aktivitäten auf die Eingangstreppen und die Bänke auf dem Platz aus. Hier trifft sich dann eine bunte Gesellschaft: Jugendliche, Familien, Senioren,

Radfahrer, Skater und Hippies. Es gibt zwar eine Bar, aber viele bringen ihre Getränke selbst mit. Der ideale Ort, um in lockerer Atmosphäre einen langen Sommerabend zu genießen.

erzsébet tér, www.akvariumklub.hu, telefon: 30 8603368, geöffnet: täglich 12.00-4.00, eintritt: wechselnd, u-bahn: m1, 2, 3 deák ferenc tér

Ⓢ Von der Straße aus ist das **Pótkulcs** kaum zu erkennen. Die Kneipe in der Nähe des Westbahnhofs (Nyugati) liegt in einem ummauerten Garten, in dem man im Sommer bis spätnachts sitzen kann. Die Atmosphäre ist nett, obwohl es voll werden kann. Es gibt oft Livemusik, zum Beispiel Reggae, Jazz und Folk.

csengery utca 65b, www.potkulcs.hu, telefon: 1 2691050, geöffnet: do-sa 17.00-2.30, so-mi 17.00-1.30, eintritt: frei, straßenbahn: 4, 6, u-bahn: m3 nyugati pályaudvar

Ⓣ Das **A38** ist ein Schiff auf der Donau mit mehreren Konzertsälen, einem Restaurant, Bars und einer Dachterrasse. Es finden Konzerte bekannter Bands aus dem In- und Ausland statt, wie Monster Magnet, außerdem legen regelmäßig DJs auf, die Musikstile sind sehr gemischt. Das Schiff, 1838 in der Ukraine gebaut, wurde auf der Donau hierhergeschleppt und zum Konzertsaal umfunktioniert.

neben der petőfi-brücke, buda-seite, www.a38.hu, telefon: 1 4643940, geöffnet: täglich 11.00-0.00, programm, öffnungszeiten und preise: siehe website, straßenbahn: 4, 6 petőfi híd, budai hidfő

(U) Im Gegensatz zu den meisten Ruinenbars, die sich gegenseitig mit außergewöhnlicher Einrichtung und jeder Menge Krimskrams übertreffen, liegt die Stärke von **Anker't** im Minimalistischen. Die coole Loungebar erstreckt sich über zwei gigantische Patios eines verfallenen Gebäudes, von denen einer im Winter überdacht und beheizt ist.

paulay ede utca 33, www.facebook.com/ankertbar, telefon: 30 3603389, geöffnet: im sommer täglich 16.00-5.00, im winter mi-sa 19.00-5.00, u-bahn: m1 opera

(V) Große beleuchtete Luftballons mit der Aufschrift "**Hello Baby**" an der Fassade eines mächtigen Palastes in der Andrássy út weisen den Weg zur gleichnamigen Bar. Wo tagsüber eine Bücherei Menschen anzieht, wird abends gefeiert. Die Zeit, in der Ruinenbars das Monopol auf Innenhöfe verfallener Gebäude hatten, ist vorbei, wie dieser schicke Club belegt.

andrássy út 52, www.hellobabybar.hu, telefon: 20 7760767, geöffnet: do-sa 22.00-5.00, eintritt: am do frei, fr-sa frauen frei, männer 2000 huf, inkl. eines getränks im wert von 1000 huf, straßenbahn: 4, 6, u-bahn: m1 oktogon

(W) Der neue **Opus Jazz Club** ist seit Kurzem im ebenso neuen Budapest Music Centre (*www.bmc.hu*) beheimatet. Das etwas eigenwillige Konzept – Restaurant und Konzertsaal in einem – hat voll eingeschlagen. Im Erdgeschoss geben Jazzmusiker ihr Bestes, während Besucher auf den Balkonen auch kulinarisch voll auf ihre Kosten kommen. Konzerte finden von Mittwoch bis Samstag statt, an den anderen Tagen kommt die Jazzmusik vom Band.

erzsébet körút 9-11, www.newyorkcafe.hu, telefon: 1 8866111, geöffnet: täglich 9.00-0.00, eintritt: frei, straßenbahn: 4, 6, u-bahn: m2 blaha lujza tér

(X) Einen Blick in den Club **Kocka** (Aussprache: *kotska*) zu werfen, lohnt sich schon wegen des besonderen Konzeptes. *Kocka* bedeutet "Kubus", und das ist Kocka auch: ein weiß gefliestes Quadrat mit riesigen Fenstern. Obwohl das Gebäude nicht sehr hoch ist, wurden irgendwie mehrere Ebenen kreiert: eine mit Tanzfläche und Bar, dann zwei Café-Ebenen, eine Ebene, auf der Hamburger und Nudeln serviert werden, und ganz oben eine geräumige Dachterrasse zum Chillen. Kurz: ein neuer Hotspot!

mátyás utca 8, opusjazzclub.hu, telefon: 1 2167894, geöffnet: restaurant mo-mi 11.30-22.00, do-fr 11.30-0.00, sa 18.00-1.30, konzerte mi-sa 21.00, straßenbahn: 2, 47, 49 fővám tér

Alphabetischer Index

Thematischer Index

Impressum

Dieser 100% Cityguide wurde mit größter Sorgfalt zusammengestellt. mo media GmbH ist nicht verantwortlich für eventuelle inhaltliche Fehler. Anmerkungen und/oder Kommentare können an **mo media GmbH, Steinstraße 15, 10119 Berlin** oder **info@momedia.com** gerichtet werden.

autoren
guy minnebach (aktualisierung), annelies pilon

fotografie
fiona ruhe, foto autor: henk-jan wesselink

übersetzung
bookwerk köln/münchen (aktualisierung), jan kruse (für bookwerk)

redaktion/lektorat
caroline kazianka (aktualisierung, für bookwerk), tom seidel/ulrike grafberger

schlussredaktion
annette steger, mo media

konzeptgestaltung
studio 100%

gestaltung & lithografie
mastercolors mediafactory

kartografie
van oort redactie en kartografie

 100% budapest
isbn 978-3-943502-83-1

© mo media gmbh, berlin
aktualisierte neuausgabe,
september 2014

100% CITYGUIDES

100% TRAVELGUIDES

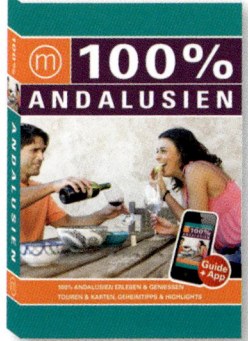

Ausführliche Informationen zum 100% Programm finden Sie auch auf unserer Homepage unter **www.100travel.de**

Meine 100% Geheimtipps
(Notizen und Ideen)

....

....

....

....

....

....

....

....

....

....

....

....

....

....

....

Folge uns auf [f] [t] [P] und teile Deine eigenen 100% Tipps!

Mehr zu 100% unter: **www.100travel.de**